Theater in Gegenwart und Geschichte

Theater in Gegenwart und Geschichte

Ein Führer zur
didaktischen Dauerausstellung
der Schweizerischen Theatersammlung

Publiziert mit finanzieller Unterstützung der Binding Stiftung, Basel
und der Berner Versicherung, Bern

Stiftung Schweizerische Theatersammlung

Impressum

Herausgeberin:
Stiftung Schweizerische Theatersammlung,
Präsident: Prof. Dr. Werner Senn

Redaktion und Gestaltung:
Prof. Dr. Martin Dreier,
Leiter der Schweizerischen Theatersammlung

Ausstellungstexte (Präsentationsmedien, Legenden): Martin Dreier

Rundgangtexte: Ursula Merz

Bearbeitung der Rundgangtexte: Martin Dreier und Kurt Hilfiker †

Satzherstellung und Umbruch auf
Apple «Macintosh»: Martin Dreier

Fotos: Peter Lauri, Bern

Fotolithos: Kreienbühl AG Reprotechnik, Luzern

Druck: Trüb-Sauerländer AG, Buchs (AG)

© Stiftung Schweizerische Theatersammlung,
  Bern 1993

ISBN 3-9520450-0-4

Inhalt

Vorwort des Stiftungsratspräsidenten

«Theater in Gegenwart und Geschichte» – das Zustandekommen dieser einzigartigen Ausstellung ist von der Sache her naturgemäss ein Gemeinschaftswerk, muss es sein, wenn der flüchtige Augenblick, in dem die Bühne zur Welt wird, anhand von Objekten, Bildern und Modellen für unsere eingehende Betrachtung festgehalten, wenn Theaterspiel und Bühnenkunst zweier Jahrtausende europäischer Kultur in markanten Beispielen anschaulich vermittelt werden sollen. Dennoch bedarf es gerade bei einem so komplexen Unterfangen der Übersicht und der ordnenden Hand, damit aus er Vielfalt ein Ganzes werde. Der Leiter der Schweizerischen Theatersammlung, Prof. Dr. Martin Dreier, hat diese Ausstellung mit profunder Sachkenntnis konzipiert und bei ihrer Realisierung und Gestaltung mit ausserordentlichem Einsatz mitgewirkt – ihm sei hier an erster Stelle gedankt. Über das gelungene Werk dürfen sich aber auch die Bibliothekarin, Silvia Maurer, und der Dokumentalist, Christian Schneeberger, sowie die anderen Mitarbeiterinnen und Mitarbeiter der Theatersammlung freuen. Herrn Harry Zaugg verdanken wir die äusserst wirksame und originelle Präsentation des Ausstellungsgutes.

Dass dieses aus einem reichhaltigen Fundus ausgewählt werden konnte, ist unter anderem das Verdienst von Herrn Dr. Karl Gotthilf Kachler, dem ersten angestellten Konservator der Theatersammlung und späteren Präsidenten der Schweizerischen Gesellschaft für Theaterkultur, der über Jahre hinweg die Sammlung mit wertvollen Theatralia aus seiner privaten Kollektion beschenkt hat. Verdienste um die Äufnung der Theatersammlung hat sich auch Prof. Dr. Edmund Stadler, Konservator der STS von 1946 bis 1977, erworben.

Herrn Dr. Walter Boris Fischer sind wir für Beratung in konzeptioneller Hinsicht, Herrn Prof. Dr. Wolfgang Greisenegger für Ratschläge in theaterhistorischen Belangen zu Dank verpflichtet. Den zahlreichen privaten Gönnern und den Vertretern des Bundes, des Kantons und der Stadt Bern sei an dieser Stelle für ihre ideelle und finanzielle Unterstützung herzlich gedankt.

Ein besonderer Dank gebührt schliesslich meinem Amtsvorgänger und heutigen Ehrenpräsidenten des Stiftungsrates, Herrn Prof. Dr. Hans Jürg Lüthi, unter dessen umsichtiger und initiativer Führung die Theatersammlung endlich ein ihr angemessenes Domizil fand, was die Realisierung der permanenten Ausstellung überhaupt erst ermöglichte.

Mit meinem Dank an alle Beteiligten verbinde ich den Wunsch, dass diese Ausstellung die Ausstrahlung der Schweizerischen Theatersammlung in der Öffentlichkeit noch verstärken und dadurch das Interesse an einer Auseinandersetzung mit dem Phänomen Theater in seiner gesellschaftlichen und kulturellen Bedeutung fördern möge.

Werner Senn

Geleitwort des Ehrenpräsidenten

Jedem wahren Theaterabend wohnt ein Zauber inne, von dem Spieler und Zuschauer gleichermassen ergriffen werden. Zauberhaft ist der Theaterabend in seiner Einmaligkeit und Unwiederholbarkeit, ebenso zauberhaft wie vergänglich. Die Aufführung, in wochenlanger Arbeit vorbereitet, endet mit dem Sinken des Vorhanges, mit dem Verklingen der letzten Worte und Töne. Was bleibt nachher davon: die Erinnerung; diese allerdings kann unvergänglich sein.

Es bleibt natürlich noch mehr: es bleiben Bilder, Fotografien, Entwürfe, Skizzen, Figurinen, aber auch Regiebücher, Theaterzettel und Programmhefte, es bleiben Berichte und Kritiken. Nie aber können diese Überreste den Zauber der Aufführung wiederbringen, doch sie legen Zeugnis ab von dem, was stattgefunden hat und wie es zustandegekommen ist. Durch solche Dokumente kann die einmalige Aufführung in die Geschichte des Theaters eingehen.

Und damit sind wir bei unserer Theatersammlung und ihrer Ausstellung: sie bietet eine ausgedehnte Fachbibliothek an, zeigt Modelle von Bühnen aller Zeiten, von besonderen Inszenierungen; sie zeigt Bilder aller Art, von der einfachen Szenenfotografie bis zu den Entwürfen der grossen Meister wie Adolphe Appia und Caspar Neher. Die permanente Ausstellung bietet eine exemplarische Schau und führt so durch die Geschichte des Theaters, vor allem des schweizerischen Theaters im Rahmen des europäischen. Die heutige Sammlung mit ihren reichen Beständen ist das Ergebnis einer langen Entwicklung, eines halben Jahrhunderts

intensiver Sammeltätigkeit, welche für alle weitere derartige Arbeit vorbildhaft bleiben wird. Drei Namen sind in diesem Zusammenhang in Dankbarkeit zu erwähnen: der Innerschweizer Oskar Eberle, der Basler Karl Gotthilf Kachler und der Zuger Edmund Stadler. Ohne ihren Einsatz gäbe es unsere Theatersammlung nicht.

Einen wichtigen Einschnitt bedeutete die Überführung des Sammelgutes in die Schweizerische Landesbibliothek in Bern in den Jahren 1943/44. Am 22. Oktober 1944 erfolgte die Eröffnung der Sammlung, welche jetzt die offizielle Bezeichnung «Schweizerische Theatersammlung» erhielt. In seiner Rede richtete der damalige Vizepräsident der Schweizerischen Gesellschaft für Theaterkultur, Arnold H. Schwengeler, «den Dank an das Eidgenössische Departement des Innern und an die Landesbibliothek, in der nun die Odyssee der Theatersammlung einen guten Abschluss gefunden hat als Grundstein eines zukünftigen theaterwissenschaftlichen Institutes». Schwengelers Optimismus war verfrüht: schon bald erwies sich die Unterbringung in der Landesbibliothek als ein zählebiges Provisorium. Zu Beginn der siebziger Jahre musste man sich auf die Suche nach neuen Räumen machen, zugleich erfolgte der Beschluss, der Sammlung eine klare rechtliche Struktur zu geben. Räume im Rohbauzustand wurden gefunden: an der grossen Schanze; und im Herbst 1978 kam es zur Gründung der «Stiftung Schweizerische Theatersammlung». Nach dem Amtsantritt des neuen Konservators, des Berners Martin Dreier, begann eine neue Odyssee, welche die Sammlung in vier Umzügen durch drei weitere Provisorien hetzte, bis sie dann endlich, vom Frühjahr 1983 an, Schritt für Schritt, ihr Ithaka an der Schanzenstrasse betreten konnte.

Als höchst abenteuerliche Odyssee gestaltete sich dann auch die Geldbeschaffung. Schon vor der Stiftungsgründung hatte eine grosszügige Gönnerin der Theatersammlung 300'000 Franken geschenkt; aus Genugtuung über die erfreulichen Fortschritte in den neuen, jetzt endgültigen Räumen überwies dieselbe Gönnerin der Stiftung nochmals 200'000 Franken. Das Departement des Innern hatte die neu errichtete Stiftung mit einer Mitgift von einer Million ausgestattet. Aber von dieser Bundesmillion durften und dürfen nur die Erträge verwendet werden. Das alles genügte natürlich bei weitem nicht für den Ausbau der Räumlichkeiten und die Einrichtung der Sammlung und der Ausstellung. So zogen wir nun in das für uns eher ungewohnte Abenteuer einer grossangelegten Bettelaktion; wir handelten konsequent nach dem Grundsatz «un petit moment de honte est vite passé», nannten meistens höhere

Summen als wir je zu erhalten erwarten konnten, und waren erfolgreich. Dem damaligen Präsidenten des Stiftungsrates erscheint es noch heute rückblickend als fast wunderbar, dass wir auf diese Weise über 700'000 Franken einbrachten, womit unser Unternehmen gerettet war.

Was lange währt, wird endlich gut: Die einem grossen Publikum zugängliche Ausstellung beweist die Richtigkeit des Sprichwortes.

Die Eröffnungsfeier fand am 15. Mai 1987 in der Aula der Universität Bern statt. Wir haben damals diesen Ort ausgewählt, um damit auf die Verbundenheit der Theatersammlung als Forschungsstätte mit der Hochschule hinzuweisen, in der Hoffnung, dass diese Verbundenheit bald gekrönt werde durch die Errichtung eines theaterwissenschaftlichen Lehrstuhles an der Universität. Dieses Ziel konnte inzwischen zur Zufriedenheit aller Beteiligter erreicht werden.

Hans Jürg Lüthi

Zur Ausstellung

1927 wurde die *Gesellschaft für innerschweizerische Theaterkultur* gegründet. Zu den Zielen ihrer Initianten zählte die Äufnung einer Theatersammlung, die Gründung eines Theatermuseums und eines Lehrstuhles für Theaterwissenschaft. Niemand konnte ahnen, dass es sechzig Jahre währen sollte, bis es der nachmaligen Schweizerischen Theatersammlung gelingen würde, ihre erste didaktische Dauerausstellung «Theater in Gegenwart und Geschichte» offiziell zu eröffnen und damit die Funktion eines Theatermuseums wahrzunehmen. Dies geschah am 15. Mai 1987. Die grosse zeitliche Differenz zwischen Zielsetzung und Realisation mag eine kurze Skizze der «dornenvollen» Sammlungs-Geschichte begründen. Anschliessend seien Vor-Überlegungen zur Ausstellung und die Prinzipien ihrer Konzeption erläutert.

Zur Geschichte der Theatersammlung

Die erwähnten Initianten der Gesellschaft für innerschweizerische Theaterkultur (später Schweizerische Gesellschaft für Theaterkultur SGTK), unter ihnen Dr. Oskar Eberle und Dr. Fritz Weiss, begannen bereits 1927 mit dem Sammeln von Theatralia. Sie unternahmen in der Folge mehrere vergebliche Versuche, die in privaten Räumen untergebrachten Bestände öffentlich zugänglich zu machen. Eine Wende brachte erst die in Basel, Zürich, Luzern, St. Gallen und Bern 1942/43 gezeigte vielbeachtete Ausstellung «Volk und Theater». Initiiert hatte sie Dr. Karl Gotthilf Kachler, seit 1939 Vorstandsmitglied der SGTK. Er konzipierte sie im Auftrag der Gewerbemuseen Basel und Zürich (heute Museen für Gestaltung), grösstenteils aufgrund von Beständen aus diesen Museen sowie mit neu angefertigten Modellen. Er verwendete auch Sammelgut der SGTK, die so am Projekt beteiligt war. Der Erfolg der Ausstellung weckte den Wunsch, das vereinigte und neu geschaffene Sammelgut der Öffentlichkeit weiterhin zugänglich zu halten. Die Gewerbemuseen schenkten ihre bedeutenden Ausstellungsanteile der SGTK. Derart erweitert konnte die Sammlung mit ideeller und finanzieller Unterstützung des Eidgenössischen Departementes des Innern in der Schweizerischen Landesbibliothek 1943 als Depositum untergebracht werden. So wurde Kachler zum Gründer der «*Schweizerischen Theatersammlung*»; als ihr erster halbtagsangestellter Konservator konnte er sie im Herbst 1944 eröffnen. Sie blieb bis im Sommer 1979 in der Landesbibliothek untergebracht. Als 1946 Kachler zum Direktor des Stadttheaters St. Gallen berufen worden war, trat Dr. Edmund Stadler seine Nachfolge an. Stadler, seit 1972 Honorarprofessor der Universität Bern, erwarb sich sehr grosse Verdienste um die Mehrung der Sammlung und als Urheber international anerkannter Ausstellungen. Er betreute sein Amt bis 1977.

Im Dezember 1978 gründeten die Schweizerische Eidgenossenschaft, der Kanton und die Stadt Bern sowie die bisherige Eigentümerin der Sammlung, die SGTK, die *Stiftung* Schweizerische Theatersammlung. Damit übernahmen die öffentlichen Träger die Verantwortung für den Fortbestand der Institution. Gegründet wurde die Stiftung auch, weil der Kanton Bern versprach, später unter Einbezug von Dienstleistungen der Theatersammlung an seiner Universität einen theaterwissenschaftlichen Lehrstuhl einzurichten. Dieses Desiderat wurde inzwischen verwirklicht. Seit dem Sommersemester 1992 kann man in Bern bei Prof. Dr. Andreas Kotte Theaterwissenschaft als Haupt- oder Nebenfach studieren.

Selbstverständlich wurden die Bestände auch seit der Stiftungsgründung ständig gemehrt. So konnten beispielsweise im Sommer 1985 wertvolle Blätter (Bühnenbild- und Kostümentwürfe) Caspar Nehers erworben werden.

Nach vier Umzügen in den vier Jahren nach der Stiftungsgründung befindet sich die Theatersammlung seit März 1983 in eigens dafür ausgebauten und eingerichteten Räumlichkeiten an der Schanzenstrasse 15 in Bern. Nach umfangreichen Reorganisationsarbeiten bietet die Institution seit Oktober 1985 der Öffentlichkeit wieder ihre Dienstleistungen als Fach-Bibliothek und -Dokumentationsstelle an und wirkt – wie erwähnt – seit Mai 1987 als Theatermuseum.

Gedanken zur Konzeption: Epochen und Aspekte

Die Sammlung kam nach und nach in den Besitz erstklassiger Theaterbaumodelle zu fast allen wichtigen Epochen. Sie ermöglichen einmal einen anschaulich dokumentierten Abriss der abendländischen Theatergeschichte, dann rufen ihre visuelle Dominanz und Attraktivität danach, sie im Bereich der entsprechenden Epoche zentral aufzustellen und sie in geschichtlicher Abfolge zu zeigen. So dachte man in frühen Konzepten für die Sammlung stets an eine derart gestaltete theatergeschichtliche Ausstellung. 1976 entstand die Idee, in der Ausstellung historisch je für sich abgehandelte Theater-Fachgebiete zu präsentieren; Abteilungen sollten u.a. sein: Theaterbau, Bühnenbild, Schauspielkunst, Dramaturgie. Die unterschiedliche Visualisierbarkeit der Einzelaspekte sprach indessen dagegen, diese Idee in reiner Form zu realisieren. Die Hauptgliederung des Stoffes sollte, wie ursprünglich vorgesehen, nach Epochen erfolgen. Dennoch haben wir den Gedanken, wichtige Teilbereiche des Theaters historisch zu durchleuchten, für die in der Theatersammlung nun verwirklichte, hier dokumentierte Ausstellung nutzbar gemacht: in jeder der insgesamt neun Epochen-Abteilungen (vgl. S. 12) sind Texte verfügbar, die *zehn wesentliche Aspekte* des Theaterwesens in knapper Form, je auf die Epoche bezogen, behandeln (z.B. Drama und Dramaturgie, Regie, Schauspielkunst, Bühnenausstattung). Diese Texte sind auch in vorliegendem Führer vollständig wiedergegeben (S. 32ff.).

Vorerst war an eine streng chronologische Abfolge der Epochen – angefangen beim Kapitel «Urzeit und erste Hochkulturen» und aufgehört mit dem «20. Jahrhundert» – gedacht. Überlegungen zum Zweck der Ausstellung und zum eigentlich für ein solches Vorhaben viel zu eng bemessenen Raum führten zu einem anderen Darbietungskonzept. Die zunächst vorgesehenen Abteilungen «Urzeit und frühe Hochkulturen» und «Byzanz» wurden ersatzlos gestrichen, einmal eben aus Raumnot, dann aber auch, weil ihre Präsentation vergleichsweise auf weniger geschichtliche Fakten hätten gestützt werden können als jene anderer Epochen. Die Darstellung des 20. Jahrhunderts mit der beinahe unübersehbaren und theaterhistorisch noch kaum «verdauten» Fülle der Erscheinungen musste in zweierlei Hinsicht verdichtet werden, einmal zeitlich mit dem Experiment, nur Gegenwärtiges zu präsentieren, und dann geographisch mit dem Versuch, sich auf schweizerische Verhältnisse zu beschränken.

Ein wesentliches Ziel der Ausstellung muss es ja sein, das *theatrale Hier und Heute*, also die gegenwärtige Schweizer Theaterlandschaft, aus der Theatergeschichte verständlich zu machen. Daher stellten wir – einer Anregung Dr. Karl Gotthilf Kachlers folgend – die gegenüber früheren Überlegungen redimensionierte Abteilung «20. Jahrhundert» unter dem Titel «Gegenwart, vornehmlich des Schweizer Theaters» an den Anfang der Ausstellung. Diese Abteilung belegt die beiden ersten Räume, und sie verpflichtet uns, sie in vernünftigen Abständen zu aktualisieren, damit der Titel der Ausstellung «Theater in Gegenwart und Geschichte» seine Berechtigung behält. Vom dritten Raum an präsentieren wir – sehr skizzenhaft – die europäische Theatergeschichte. Die Ausstellung endet mit der Abteilung «Wende zum 20. Jahrhundert». Der theaterhistorische Reichtum dieser Zeit rechtfertigt eine eigene Abteilung; ausserdem können wir darin das Wirken des

Genfer Bühnenreformators Adolphe Appia würdigen. Dies geschieht – gemessen an seinem theaterhistorischen Stellenwert – relativ ausführlich, und zwar weil Appias Nachlass zu grossen Teilen Eigentum der Schweizerischen Theatersammlung ist.

Dreistufiges Informationsangebot

Wir haben es angedeutet: es ist das didaktische Ziel der Ausstellung, das heutige Theaterwesen, namentlich jenes der Schweiz, in seiner Vielfalt vorzustellen und es aus der Theatergeschichte verständlich zu machen. Um dies zu erreichen, versuchen wir den Stoff auf drei Informationsebenen darzubieten, was dem Besucher erlaubt, das Mass seiner Auseinandersetzung mit der vielschichtigen Materie selber zu bestimmen.

Erste Ebene: Eilige Besucher können sich allein den *Objekten* und *Bildern* zuwenden, welche mit kurzgefassten *Legenden* versehen sind, und so erste Eindrücke gewinnen.

Zweite Ebene: Besucher mit Interesse an Zusammenhängen werden auch *Lauftexte* lesen; diese sind als «*Roter Faden durch die Ausstellung*» konzipiert.

Dritte Ebene: Für Besucher, die sich über einzelne Theateraspekte vertieft informieren wollen, stehen – wie erwähnt – *Texte in den Präsentationsmedien* zur Verfügung. Die von uns erfundenen und erstmals im Ausstellungswesen verwendeten Präsentationsmedien sind grosse Modelle von bühnentechnischen Verwandlungseinrichtungen oder von Informationsmitteln. Weil der Besucher die Modelle selbst betätigen kann, erfolgt der Zugang zu den Texten über spielerische Manipulationen, welche schon allein einen Eindruck über die je zeitgenössische Theatertechnik, beziehungsweise Kommunikationssituation vermitteln. Denn für jede der dargestellten Epochen wurde eigens ein typisches Präsentationsmedium entwickelt, beispielsweise für die Abteilung «Gegenwart, vornehmlich des Schweizer Theaters» eine Anordnung von zehn Bildschirmen, für den «Barock» eine Kulissenbühne oder für das «Mittelalter» eine Klosterhandschrift. Wie bereits dargelegt, enthält jedes Präsentationsmedium Texte zu zehn in allen Epochen behandelten Aspekten des Theaterwesens. Dies erlaubt dem Besucher, einzelne Aspekte durch alle Epochen hindurch zu verfolgen.

Neun Epochen – neun Abteilungen

Folgende neun Epochen werden in der Ausstellung behandelt:

— Gegenwart, vornehmlich des Schweizer
 Theaters
— Antikes Griechenland
— Antikes Rom
— Mittelalter
— Renaissance
— Barock
— 18. Jahrhundert
— 19. Jahrhundert
— Wende zum 20. Jahrhundert

Die neun Abteilungen sind unterteilt. Nachfolgend charakterisieren wir stichwortartig die jeweils mit einem Lauftext versehenen Unterabteilungen und damit gleichsam den «roten Faden» durch jede Epoche:

Gegenwart, vornehmlich des Schweizer Theaters
1. Raum: Typen heutiger Theaterbauten: renovierter Altbau mit Guckkasten (Bern), Neubau mit der Möglichkeit zur Arena (Basel); Theatertypen: Stadttheater (Mehrspartentheater), Opernbühnen; Sprechbühnen; Laientheater; Kleintheater und freie Truppen.
2. Raum: Stehende Bühnen mit einem Tourneeauftrag (Théâtre Populaire Romand, Theater für den Kanton Zürich, Theater für den Kanton Bern, Teatro della Svizzera italiana); Privattheater und Tournee-Unternehmen; wichtige Opernkomponisten; wichtige Dramatiker; Theaterleiter und Regisseure; Theaterbesucher; Ausstattungswesen (Entwürfe prominenter Schweizer Bühnen- und Kostümbildner).

Antikes Griechenland
3. Raum: Griechen als Erfinder des institutionellen Theaters; Anfänge in den Dionysien; die bedeutenden Dramatiker (Tragiker: Aischylos, Sophokles, Euripides; Komödiendichter: Aristophanes, Menander); typische Merkmale der Schauspielerausstattung: Masken, Götter- und Heldenattribute sowie Phalloi; Entwicklung des Schauraumes zur klassischen Spielstätte.

Antikes Rom

4. Raum: Vergleich der römischen mit der hellenistischen Spielstätte; eigenständige Wurzel des römischen Mimus; die Atellane; soziale Stellung des römischen Schauspielers; Bedeutung des Tanzes und der Pantomime; Verwendung von Masken im römischen Theater.

Mittelalter

5. Raum, 1. Abteilung: die mittelalterlichen Künste im Dienste der Kirche; neuer Ursprung des Theaters im Ostertropus (St. Gallen: Grabbesuch der drei Marien); erste weltliche und komische Elemente (Salbenkrämer); Einbezug von bildender Kunst und Musik; Beispiel einer flächig-simultanen Spielanordnung: Valenciennes; Beispiel einer räumlich-simultanen Spielanordnung: Luzern; Rolle des Kleinkunstwesens und der «Charivari» im mittelalterlichen Theater.

Renaissance

5. Raum, 2. Abteilung: Renaissance-Theater in der Schweiz; Renaissance-Theater in Europa; das Theater der Humanisten; Commedia dell'Arte; die Bühnentypen der Renaissance (als Beispiel Serlio-Bühne und Teatro olimpico in Vicenza); Serlios Bühnenbilder.

Barock

6. Raum, 1. Abteilung: Der barocke Mensch und das Theater; dynamische technische Errungenschaften; Geburt der Oper; Geburt der Guckkastenbühne; übrige Bühnentypen: improvisierte Anlagen für höfische Feste, Brettergerüste für die Vorstellungen der Wandertruppen, spanische «Corrales» und die Shakespearebühne; Dramatiker nahe bei der praktischen Theaterarbeit (Shakespeare und Molière); Theater im Dienste der Reformation und der Gegenreformation; antike Götter und mittelalterliche Allegorien als Motive barocker Theaterfeste; Beispiel eines typischen Barocktheaters (Schlosstheater Drottningholm); die Bedeutung des Balletts; die Bedeutung englischer Wandertruppen.

18. Jahrhundert

7. Raum: Wichtige Träger des Theaterwesens (Prinzipale von Wandertruppen); Nachfahre des Arlecchino: Hans Wurst; Gottscheds Reformideen; der Nationaltheatergedanke; Goethe als Theaterdirektor in Weimar; neue Bedeutung des Schweizer Volkstheaters; Wanderbühnen in der Schweiz; Berns altes Stadttheater im «Hôtel de Musique»; der Genfer Theaterstreit (Voltaire gegen calvinistische Stadtväter); Schauspieler der Aufklärung; Bedürfnis theoretischer Auseinandersetzung mit allen Aspekten des Theaters; Glucks Opernreform; Haydn und Mozart; Jean-Georges Noverre und das Ballett d'action; konservatives höfisches Theater.

19. Jahrhundert

6. Raum, 2. Abteilung: Zentren der deutschen Klassik; Leistungen romantischer Dichter; romantische und realistische Elemente im Opernschaffen; der historisierende Regiestil der Meininger; oft in heutigen Spielplänen: Raimund und Nestroy; Kinderspielzeug mit Quellenwert: Papiertheater; Schweiz: erste stehende Theater und Festspiele; «Star»-Schauspieler.

Wende zum 20. Jahrhundert
8. Raum: Bühnenreformatoren: Appia, Craig, Reinhardt; Appias Motivation; drei Perioden in Appias Schaffen; Appias Wirken in Hellerau bei Dresden; Appias Einfluss im 20. Jahrhundert; Bühnen-Naturalismus; Bühnen-Symbolismus; Kostüme im Eigentum der Darsteller; Bühnenbilder «von der Stange».

Der vorliegende Führer enthält zu jeder Epoche einen Rundgang-Text. Er beschreibt einen Weg im Uhrzeigersinn durch den entsprechenden Raum und ermöglicht dem Betrachter, den beim Ausstellen gezeichneten «Roten Faden» durch die Epoche zu verfolgen. Diese Texte im Führer dienen so der Vor- oder Nachbereitung eines Ausstellungsbesuches; als Ton-Kassetten in Fremdsprachen produziert, helfen sie Gästen, die das Deutsche nicht verstehen, die Ausstellung zu besichtigen. Der Ausgangspunkt des Rundganges ist in jedem Raum durch nebenstehendes Piktogramm gekennzeichnet.

Texte in den Präsentationsmedien: zehn Aspekte des Theaterwesens

Der eine oder andere Aspekt wurde bereits als Beispiel genannt; hier seien sie in der Reihenfolge aufgelistet, in welcher sie sowohl in den Präsentationsmedien als auch in vorliegendem Führer erscheinen:

— Theater und Weltbild
— Theater-Praxis und Theater-Umfeld
— Drama und Dramaturgie
— Musik im Theater
— Spielstätten
— Regie
— Schauspielkunst
— Kostüm und Maske
— Bühnenausstattung
— Publikum

Die Aspekte sind in Ausstellung und Führer mit Piktogrammen gekennzeichnet. Wir stellen nachfolgend die Piktogramme vor und umreissen Allgemeingültiges der Aspekte:

 Theater und Weltbild
Gegenstand dieser Rubrik bilden das Theaterverständnis einer Epoche und die Zielsetzungen, welche für die Epoche typisch sind, Ziele, welche die Theaterschaffenden selber ins Auge fassten oder welche ihnen von aussen – von den Mächtigen eines Zeitalters – gestellt wurden. Wo es möglich war, versuchten wir auch, das Theater als Gesamterscheinung der Epoche, seine hauptsächlichen und seine formalen Kennzeichen zu skizzieren.

 Theater-Praxis und Theater-Umfeld
Unter die Rubrik «Theater-Praxis und Theater-Umfeld» fallen die Versuche, das jeweilige Verhältnis der Öffentlichkeit zu ihrem Theaterwesen darzustellen, die Formen der Rechtsträgerschaft sowie der Finanzierung kurz darzu-

legen. In den Bereich dieses Aspektes fallen auch Bemerkungen zu einer allfälligen Theaterzensur.

Dramaturgie

Im Zentrum der Betrachtung des Faktors «Dramaturgie» steht die Typologie der Spielvorlagen (Textbücher, Partituren oder Szenenskizzen für das Stegreiftheater). Grundzüge der in einer Epoche vorherrschenden Dramentheorie werden behandelt, gegebenenfalls auch das Berufsbild des Dramatikers oder des Dramaturgen.

Musik im Theater

Die Rubrik «Musik im Theater» beinhaltet Ausführungen über den epochentypischen Gebrauch von Musik als theatrales, dramaturgisches Element. Hier wird aber auch die jeweilige Geschichte des Musiktheaters skizziert, insbesondere ist auf das Aufkommen neuer Musiktheaterformen zu verweisen: Oper, Singspiel, Operette, Musical.

Spielstätten

In der Form der Spielstätte, beziehungsweise des Theaterbaues wird in der Regel das grundlegende Verhältnis zwischen Zuschauer und Bühnenereignis materiell manifest. Neben der Beschreibung der in einer Epoche üblichen Spielstätte geht es in dieser Rubrik demnach auch um die Interpretation des genannten Verhältnisses.

Regie

Wie wird eine Theateraufführung in den verschiedenen Epochen vorbereitet? Steht den Proben eine leitende Persönlichkeit vor (Spielleiter, Regisseur) oder entsteht die Aufführung aus einer Gruppenarbeit der Darsteller? Gibt es in einer bestimmten Phase der Theatergeschichte theoretische Anleitungen zur Regieführung? Auf diese und ähnliche Fragen werden in der Rubrik «Regie» Antworten gesucht.

Schauspielkunst

Das zentrale Ausdrucksmittel des Mediums Theater ist der darstellende Mensch. Daher kommt dem Aspekt «Schauspielkunst» besonderes Gewicht zu. Gegenstand der Betrachtung ist der epochentypische schauspielerische, sängerische und tänzerische Duktus. Aber auch die soziale Lage der Bühnenkünstler im Laufe der Geschichte muss hier referiert werden, desgleichen allfällige Theorien der Darstellungskunst.

Kostüm und Maske

Zur Aussage einer Theateraufführung trägt die Ausstattung der Darsteller – ihre Schmink- oder Deckmaske sowie ihr Kostüm – Wesentliches bei. So wird das Bild einer Theaterepoche auch ganz entscheidend geprägt vom in ihr gepflegten Gebrauch dieser «Ausdrucks-Verstärker». Zu zeigen, was es damit auf sich hat, ist Aufgabe der Rubrik «Kostüm und Maske». Insbesondere scheint auch die Frage interessant, ob die Theaterschaffenden einer bestimmten Epoche Wert auf historische Richtigkeit der Darsteller-Ausstattung gelegt haben oder nicht.

Bühnenausstattung

In jedem Zeitalter wird das Theater neu mit der Beziehung «Mensch – Raum» konfrontiert. Mehr noch als in der Lebenswirklichkeit wird diese Beziehung auf der Bühne zu einer sprechenden, weil sich ihr dort der Betrachter mit besonderer Aufmerksamkeit zuwendet. In welcher Weise sich die Theaterschaffenden mit dem Darsteller-«Umwelt»-Problem auseinandergesetzt haben, interessiert uns in der Rubrik «Bühnenausstattung». Von Bedeutung ist dabei der Realistikaspekt: steht Historismus, Realismus oder gar Naturalismus oben auf der Wertskala der Ausstatter oder geht es im Gegenteil um fantasiereiche Stilisierung weit ab von Vorbildern aus der Lebenswirklichkeit? Noch ein Wort zum Begriff «Bühnen-*bild*»: er bezeichnet gewöhnlich, was unter «Ausstattung des Szenenraumes» zu verstehen ist. Man hat ihn – wie wir meinen: zu unrecht – kritisiert, weil mit ihm bloss etwas Zweidimensionales assoziiert werde. Dies stimmt in letzter Konsequenz nicht: das Synonym zu Plastik «Stand-*bild*» charakterisiert deutlich etwas Dreidimensionales; ähnliches gilt für

«Ab-*bild*» etwa im Satz: «Das Theater ist das Abbild des menschlichen Lebens».

Publikum

Theater ist nur Theater, wenn das von Darstellern Gezeigte wahrgenommen wird, wenn es zwischen Darstellern und Publikum zu einem wechselseitigen, unmittelbaren Kommunikationsprozess kommt. Ohne Publikum – eine alte Weisheit – kein Theater. Das Verhältnis zwischen dem Publikum und seinem Theater ist somit Gegenstand entsprechender Kapitel. Auch der Theaterkritiker – als Sondervertreter des Publikums – wird hier gegebenenfalls in die Betrachtung einbezogen.

Theater – Theaterausstellung

Eine Theaterausstellung kann niemals lebendiges Theater ersetzen; man vermag damit im Höchstfall Theateratmosphäre zu vermitteln. Wir versuchten dieses Ziel auf zweierlei Weise zu erreichen. Einmal haben wir die Ausstellungsräume, die sich alle «unter Tag» befinden, wie das Innere von Bühnenhäusern mattschwarz ausmalen lassen. So ist es möglich, Objekte und Anschriften wie auf einer Stilbühne mittels Scheinwerfern theatralisch zu beleuchten. Theateratmosphäre vermitteln auch – wie zahlreiche Besucher bestätigen – die Präsentationsmedien, vor allem jene, die bühnentechnische Einrichtungen simulieren. Dasselbe lässt sich – wiederum gemäss Urteil von Rezipienten – von vielen Illustrationen und den meisten Spielstättenmodellen feststellen.

Schlusswort: Gedanken zum Ursprung des Theaters

Wie angedeutet, mussten wir die anfänglich geplante Abteilung «Urzeit und erste Hochkulturen» ersatzlos streichen. Die realisierte Ausstellung könnte den Eindruck erwecken, der Ursprung des Theaters sei dingfest zu machen, gar geschichtlich zu datieren. Wir neigen jedoch zu der Hypothese, dass Formen theatralen Verhaltens unabdingbar zum Menschen gehören wie etwa die Sprache. Zum Abschluss vorliegender Einführung in die Ausstellung, die – wir sagen es noch einmal – das theatrale Hier und Heute aus der Geschichte verständlich zu machen versucht, möchten wir die genannte Hypothese skizzenhaft begründen.

Der Mensch als wissendes Tier
Versucht man, das Wesen des Menschen zu umreissen, so spielt es zunächst eine untergeordnete Rolle, ob er als Resultat einer Jahrmillionen dauernden Entwicklung betrachtet wird, oder ob man in ihm ein Geschöpf sieht, welches seine Sonderstellung in der Natur seit eh und je besessen hat. Entscheidend ist die Tatsache eben dieser Sonderstellung: er erkennt sich als wissendes Tier (Hegel). In seinem Innern entsteht eine Vorstellung, ein «Abbild» von der übrigen Natur und von sich selbst. Der Mensch hat Bewusstsein. Diese

Welt im Innern ist eigengesetzlich und eröffnet sogleich fundamentale Möglichkeiten,

— etwa: den Weltzusammenhang höheren Mächten zuzuschreiben (Mythos, Religion)

— oder: Vorstellungen und innere Abbilder in den Bereich des Wahrnehmbaren hinein zu tragen, d.h. sie für andere Wesen sicht- und erkennbar zu machen (alle denkbaren Arten des Ausdrucks: Musik, Literatur, Bildende Künste, Theater...),

— dann auch: die Natur – sie nach Vorstellungsinhalten umformend – in Dienst zu nehmen, sie für menscheneigene Zwecke zu nützen (Technik),

— schliesslich: das Wahrnehmbare systematisch zu befragen, um möglichst getreue Abbilder von diesem zu erhalten (Wissenschaft).

Das Zusammenspiel dieser Möglichkeiten erweitert das Bewusstsein: werden beispielsweise Abbilder oder Vorstellungen künstlerisch dargestellt oder technisch verwirklicht, so zeigt sich in der Regel Unvorhergesehenes, welches Abbilder oder Vorstellungen korrigiert. Umgekehrt fordert eine gelungene Umsetzung eines Bewusstseinsinhaltes zu kühneren Vorstellungen heraus, Vorstellungen, die sich vom in der Natur Wahrnehmbaren stets mehr emanzipieren.

Die Eigendynamik und «horizonterweiternden» Wechselwirkungen der genannten Möglichkeiten, die sich in Ansätzen bereits einem ersten dumpfen Bewusstsein eröffnen, bringen die Idee des Menschen als einem Gewordenen nahe. Sie wird noch plausibler, wenn man davon ausgeht, dass der zunehmende Gebrauch eines Organs, in diesem Fall des Gehirns, dessen stetige Differenzierung zur Folge habe – dies nicht so sehr in individuellen, als vielmehr in stammesgeschichtlichen Dimensionen.

Bewusstsein und Fähigkeit zur Darstellung
Es gehört zu den zentralen Kennzeichen des mit Bewusstsein ausgestatteten Natur-Sonderfalles Mensch, dass er innere Abbilder oder Vorstellungen darstellen kann. Eine besondere Möglichkeit hierbei ist die Darstellung mit dem Menschen selbst als Vermittlungs-Instrument. Diese Sonderform menschlichen Ausdrucks, dieses Vor-Zuschauer-Treten und rollenspielend Situationen und Handlungen-Wahrnehmbar-Machen nennen wir Theater. Es handelt sich um eine Möglichkeit, die dem Menschen zukommt, seit er Mensch ist, also seit er Bewusstsein hat. Es wäre demnach ebenso wenig sinnvoll, den Ursprung des Theaters in der Geschichte datieren zu wollen wie den Ursprung des Bewusstseins. In praktisch allen bekannten Kulturen gibt es denn auch Hinweise auf die Existenz von Theaterformen, wie diese auch immer geartet seien.

Kultisch-rituelle und weltlich-derbe Wurzeln
Die Verhaltensforschung weist im Tierreich Befriedungsrituale unter Artgenossen nach, die beim Menschen auf einer bewusstseinsbesetzten Ebene ihre Analogien finden: es handelt sich dort um Befriedungsrituale, die – wie in der unbewussten Natur – auf Artgenossen ausgerichtet sind, aber auch solche, die sich, nicht selten im Glauben an magische Auswirkungen, an eine geahnte oder gefürchtete höhere Macht wenden. Dass die Ausdrucksmöglichkeiten Theater, Musik und Tanz bereits in Urzeiten Eingang in derartige Rituale gefunden haben, scheint allein schon aus theoretischen Erwägungen evident. Ebenso wahrscheinlich und bei primitiven Stämmen nachweisbar sind «weltliche» Anwendungen des Theaters seit Urbeginn: der Spott über menschliche Schwächen, der elementare Reiz des Fäkalen und Sexuellen fordern archetypisch zu drastisch überspitzter theatraler Nachahmung heraus.

Man ist – die Beispiele der griechischen Antike und des Mittelalters vor Augen – zur Verallgemeinerung geneigt, jede (nach Abbruch einer Tradition) neu aufkommende Theaterkultur habe zweierlei Wurzeln, eben die kultisch-rituelle und die weltlich-derbe.

Martin Dreier

20. Jahrhundert, vornehmlich Schweiz

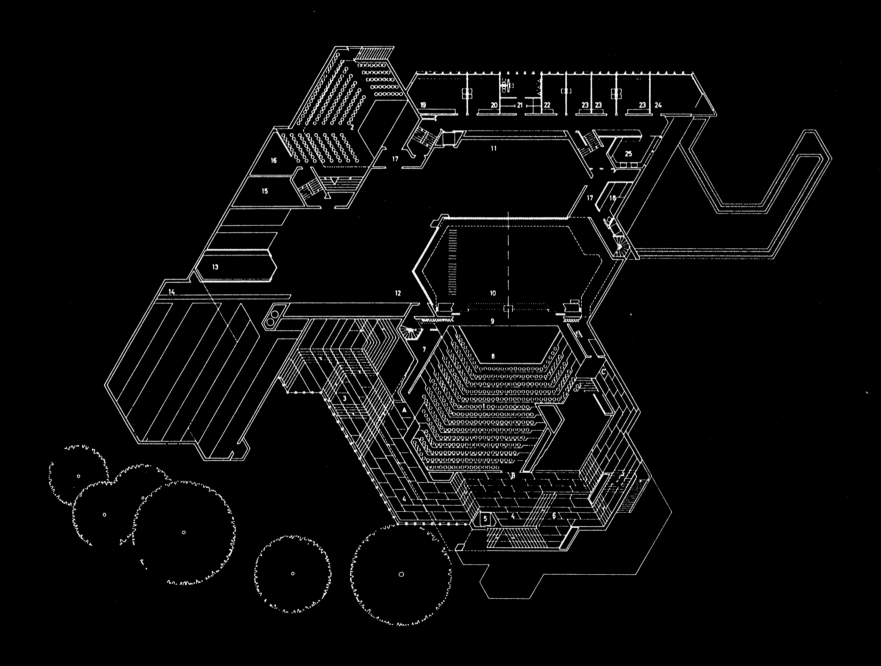

Gegenwart, vornehmlich Schweiz: Rundgang

Rundgang durch den ersten Raum
Dem Eingang gegenüber, oberhalb der Türe zum nächsten Raum, finden Sie die Erklärung des Begriffes «Theater». Er stammt aus der griechischen Antike und bedeutet «Schaustätte», Ort des Sehens. Heute wird der Begriff weiter gefasst: er bezeichnet auch eine besondere Art der Gedanken- und Gefühlsäusserung, in welcher der Mensch das zentrale Ausdrucksmittel ist. Ausserdem bezeichnet der Begriff auch die «Institution», die es ermöglicht, während einer bestimmten Zeit an einem vereinbarten Ort Theater zu erleben.

In der Schweiz ist das Theater, der geographischen, weltanschaulichen und ökonomischen Situation entsprechend, sehr vielfältig. Dies zeigt sich auch durch die unterschiedlichen Spielstätten und durch die verschiedenen Trägerschaften, Organisations- und Erscheinungsformen.

Wenn Sie nun im Uhrzeigersinn weitergehen, sehen Sie an der nächsten Wand rechts Erklärungen zu den unterschiedlichen Tendenzen im Theaterbau des 20. Jahrhunderts.

Zwei Modelle veranschaulichen die beiden Richtungen: links der traditionelle Theaterbau, dargestellt am Modell des Stadttheaters Bern, rechts der moderne Theaterbau, repräsentiert durch das Stadttheater Basel.

Noch um die Jahrhundertwende wurden in der Schweiz traditionelle Theatergebäude errichtet. Vorbilder waren grosse Opernhäuser im Ausland, die man als Hoftheater nach dem barocken Guckkastenprinzip gebaut hatte. Der hufeisenförmig angelegte Zuschauerraum mit der Fürstenloge erlaubte nicht allen Zuschauern eine gute Sicht auf die Bühne, was später stark kritisiert wurde. In den 80er Jahren unseres Jahrhunderts renovierte man unter dem Einfluss nostalgischer Tendenzen sorgfältig die Theaterbauten der Jahrhundertwende. Trotz genereller Erneuerung der Bühnenhäuser und der theatertechnischen Einrichtungen auch im Bereich des Orchestergrabens konnten nicht alle künstlerischen Einschränkungen der Guckkastenbühne überwunden werden.

Beim modernen Theaterbau wird grosses Gewicht auf einheitlich gute Sicht und Akustik für alle Zuschauer gelegt. Auch die Beziehung Darsteller–Zuschauer soll intensiviert werden; daher ragt die Bühne weit in den Publikumsbereich hinein, daher sehen moderne Theaterbauten die Möglichkeit vor, die Spielflächen allseitig mit Zuschauern zu umgeben (z.B. die Arenabühne im neuen Basler Stadttheater).

Die ersten modernen Theaterbauten wurden in der Westschweiz errichtet, so zum Beispiel 1913 die «Comédie» in Genf.

In der deutschen Schweiz entstand 1952 als erstes modernes Theater das Kurtheater in Baden, dem in verschiedenen Städten weitere Neubauten folgten.

An der nächsten Wand, links und rechts vom Eingang zur Ausstellung, folgen Erläuterungen und Fotografien zu den stehenden Bühnen: den

Stadttheatern, den Schauspiel- und Opern-
häusern, die in der Regel von Genossenschaften
oder Aktiengesellschaften betrieben und zur
Hauptsache von den Stadtgemeinden finanziell
getragen werden.

Verschiedene Stadttheater sind Mehrsparten-
Theater, die zugleich Schauspiel, Oper, Operette
und Ballett anbieten. Sie sehen links vom Eingang Fotografien zu den einzelnen Stadttheatern.

Zwei grössere Theater in der Schweiz, das
Opernhaus in Zürich und das Grand Théâtre in
Genf, konzentrieren sich ausschliesslich auf
das Musiktheater. Sie sehen Fotografien zu
Opernaufführungen in Genf und Zürich sowie
die Aussenansichten der Opernhäuser.

In Zürich werden die Vorstellungen im Reper-
toirebetrieb angeboten, d.h. mehrere Werke
stehen auf dem Spielplan und werden abwech-
selnd aufgeführt. In Genf produziert das Grand
Théâtre seine Inszenierungen «en suite», das
bedeutet, dass sie nach der Premiere mehrmals
nacheinander aufgeführt werden und dann
abgespielt sind.

Gewisse Theater sind auf Schauspiel speziali-
siert, wie zum Beispiel die Comédie de Genève,
die, seit sie durch Benno Besson geleitet wurde,
in weiten Kreisen bekannt ist.

Während des 2. Weltkrieges gehörte das Schauspielhaus Zürich zu den bedeutendsten Sprechbühnen Europas. Hier traten unter der Direk-
tion von Oskar Wälterlin zahlreiche hervorragende Schauspieler auf, die aus Deutschland
und Österreich in die Schweiz geflüchtet waren.

Eine wichtige Rolle spielt auch das Laientheater, das nicht nur herkömmliche Schwänke und
Volkstheaterstücke, sondern auch Mundart-
adaptationen klassischer Werke aufführt; es
setzt ausserdem die reiche schweizerische Fest-
spieltradition fort. Sie sehen ein Modell der
Tellspiele in Interlaken *(siehe nebenstehende
Fotografie)*, dazu Aufnahmen von Laientheater-
aufführungen aus allen vier Sprachregionen
der Schweiz.

Seit der Mitte des 20. Jahrhunderts gehen
wesentliche Impulse von Kleinbühnen aus. Sie
vertreten vielfältige Theaterformen, wie z.B. das
Strassentheater, das Kinder- und Jugendthea-
ter, die Pantomime oder das Figurentheater. Sie
müssen meist hart um ihre Existenz ringen
und haben daher oft nur eine kurze Lebens-
dauer.

Auf Gestellen vis-à-vis vom Eingang zur
Ausstellung sehen Sie Szenenbilder aus der
Kleintheater-Landschaft.

*Modell im Massstab 1 : 40 der «Natur»-
Bühne für die Tellspiele Interlaken,
1951 entworfen vom Bühnenbildner
Max Bignens*

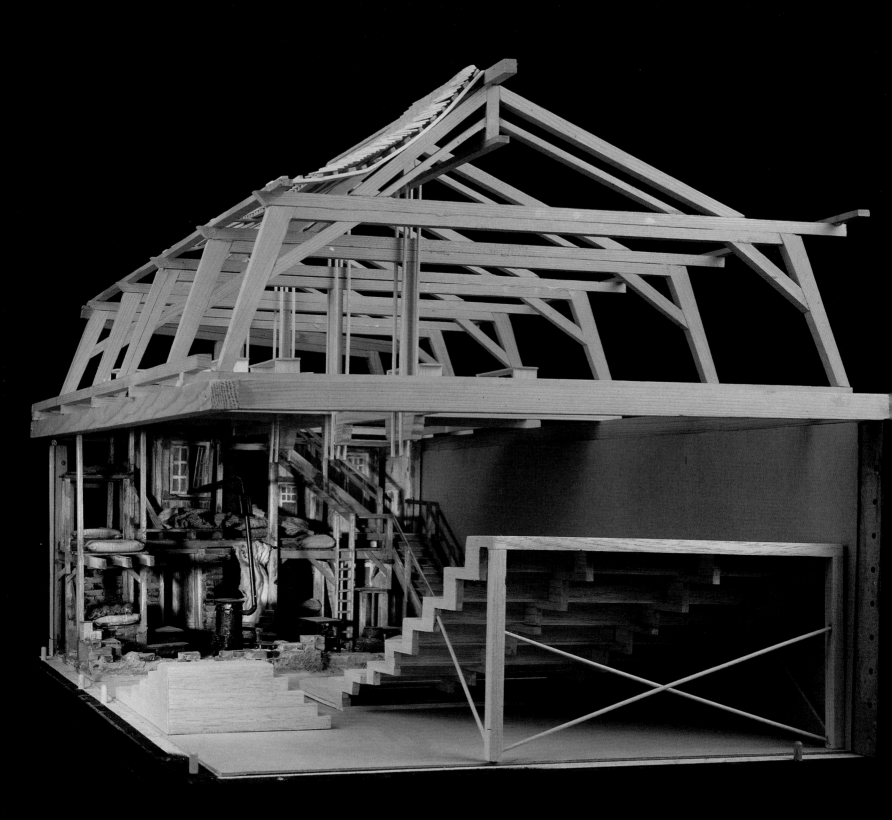

Rundgang durch den zweiten Raum
Wenn Sie im nächsten Raum die Wände im Uhrzeigersinn betrachten, so finden Sie Informationen zu stehenden Bühnen, die in regelmässigen Abständen Gastspiele geben. Sie werden meistens von öffentlichen Trägern finanziert. Als wichtiges Beispiel gilt das Théâtre Populaire Romand, das seit 1961 unter der Leitung seines Gründers Charles Joris auf genossenschaftlicher Basis vielbeachtetes Theater macht. Ausserdem zu erwähnen sind das Theater für den Kanton Zürich und das Teatro della Svizzera Italiana.

Private stehende Bühnen oder Tourneeunternehmen, die auch in Deutschland und Österreich gastieren, werden nach marktwirtschaftlichen Prinzipien geführt und bieten deshalb eher Unterhaltungstheater an. Der Theaterbedarf kleinerer Schweizer Städte wird durch Gastspiele in- und ausländischer stehender Bühnen und von Tourneetruppen gedeckt.

Während der Umbauten und Sanierungen bestehender Theater wurden in den frühen 80er Jahren alternative Spielstätten benötigt. In Bern fand man im «Alten Schlachthaus» eine neue Bühne. Sie sehen in der Mitte des zweiten Ausstellungsraumes das Modell des «Alten Schlachthauses» an der Rathausgasse in Bern, das zu einem variablen Raum umgestaltet wurde und für vielfältige Theaterproduktionen verwendet wird *(siehe nebenstehende Fotografie)*. Während der Umbauphase des Stadttheaters Bern in den frühen Achtzigern diente es als Ausweichquartier für Dramen mit kleiner Besetzung. Weil neues Publikum dadurch Zugang zum Theater fand, wird weiterhin jede Saison eine Inszenierung des «grossen Hauses» an dieser alternativen Spielstätte gezeigt.

An der Wand rechts vom Eingang folgen Angaben zu herausragenden Opernkomponisten des 20. Jahrhunderts. Ein sehr bedeutender Tonsetzer war Richard Strauss, der einen persönlichen Stil von epochemachender Ausstrahlung entwickelte, ohne an den künstlerischen Hauptströmungen seiner Zeit, dem Impressionismus und dem Naturalismus, vorbeizugehen.

Unter den Opern des 20. Jahrhunderts erscheinen nach den Werken von Richard Strauss jene des Engländers Benjamin Britten am häufigsten in den heutigen Spielplänen.

Auch die Schweizer Othmar Schoeck, Arthur Honegger und Heinrich Sutermeister gehören zu den international anerkannten Komponisten. Sie schufen ihre Werke mehrheitlich mit tonalen Stilmitteln. Dabei erlangte jeder Komponist seine persönlich geprägte Ausdrucksweise, indem er z.B. Dissonanzen als dramatische Mittel einsetzte.

Modell im Massstab 1 : 20 der Berner Alternativ-Spielstätte «Altes Schlachthaus», 1979 konzipiert und gebaut vom Bühnenbildner Werner Hutterli

Unter den österreichischen Opernkomponisten wurden einige berühmt: u.a. Arnold Schönberg; er verzichtete auf Tonarten im herkömmlichen Sinn, indem er in der Zwölftontechnik alle Halbtöne der Oktave gleichwertig behandelte. Dieser Richtung folgten andere österreichische Komponisten, wie z.B. Alban Berg. Ebenfalls von der Zwölftontechnik beeinflusst sind die international bekannten Schweizer Frank Martin, Rolf Liebermann, Armin Schibler und Rudolf Kelterborn.

Verschiedene Dramatiker, wie z.B. Eugène Ionesco drückten in ihren Werken eine Grundstimmung des Entwurzeltseins aus, welche durch zwei Weltkriege und die Weltwirtschaftskrise ausgelöst worden war. Diese Richtung der Dramatik, das Theater des Absurden, hatte bereits 1895 der Franzose Alfred Jarry mit seinem «König Ubu» vorgezeichnet.

Bertolt Brecht ging davon aus, dass der Mensch über die Vernunft angesprochen werden könne und daher veränderbar sei; er betrachtete das Handeln des Menschen nicht als total sinnlos und absurd, wie es Ionesco beschrieb. Brecht entwickelte daher sein episches (Lehr)-Theater. Dieses sollte eine Handlung auf der Bühne nicht illusionistisch vortäuschen, sondern erzählen und sie mittels eingeschobener Songs, Conférencen und Schrifttafeln «verfremden». Dadurch sollte der Zuschauer ein aktiver Beobachter werden und die Fähigkeit erlagen, auch sich selbst kritisch zu betrachten und sich seine eigene Meinung zu bilden.

Im 20. Jahrhundert kamen gewichtige Impulse aus der Neuen Welt, vor allem auf dem Gebiet der Dramatik. Zu erwähnen sind Eugene O'Neill, Tennessee Williams, Arthur Miller und Edward Albee. Zu diesen Klassikern der Moderne gehören auch die französischen Existentialisten Jean-Paul Sartre und Albert Camus.

Bedeutende deutschsprachige Dramatiker sind die Schweizer Friedrich Dürrenmatt, bekannt als satirischer Gesellschaftskritiker, und Max Frisch, berühmt als Analytiker von archetypischen zeitgenössischen Lebensläufen. Den Schweizern Anne Cuneo, Thomas Hürlimann, Jacques Probst, Lukas B. Suter und Michel Viala gelang es in den achtziger Jahren, als Dramatiker internationale Anerkennung zu erlangen.

Herausragende Theaterleiter- und Regiepersönlichkeiten in der Schweiz waren: Oskar Wälterlin, der das Zürcher Schauspielhaus während dessen Glanzzeit im und nach dem Zweiten Weltkrieg leitete; Benno Besson, der als Regisseur in Ostberlin arbeitete und von 1987 bis 1991 an der Comédie in Genf wirkte. International anerkannte Schweizer Regisseure sind auch François Rochaix und Luc Bondy.

In der Schweiz gehen etwa 24 % der Bevölkerung ins Theater. Diese erstaunliche Tatsache geht aus einer Meinungsumfrage hervor, die 1975 im Auftrag der Schweizerischen Gesellschaft für Theaterkultur durchgeführt wurde.

Unter dem Konkurrenzdruck von Film und Fernsehen werden auch an die Bühnenausstattung, an Kostüm und Maske entsprechend hohe Anforderungen gestellt. Die Kostüme werden für die einzelnen Aufführungen jeweils neu entworfen oder aus dem Fundus geholt und entsprechend abgeändert. Durch enorme Fortschritte in der Kunststoffchemie und der Beleuchtungstechnik eröffnen sich auch vielfältige Möglichkeiten der Szenenraumgestaltung. Bühnenbildner und Regisseure suchen für eine Inszenierung gemeinsam die optisch-stilistische Lösung, welche ihrer

momentanen Interpretation und Sicht der Spielvorlage angemessen erscheint. Links vom Durchgang zum nächsten Raum sehen Sie Entwürfe bedeutender Schweizer Bühnenbildner.

Weitere Informationen zum Theater des 20. Jahrhunderts finden Sie im Bildschirmgürtel über den Szenenfotos im zweiten Ausstellungsraum.

Wählen Sie die Rubrik Ihres Interesses und drücken Sie den entsprechenden Knopf.

Computer im Theater

Wie in anderen Bereichen unseres modernen Lebens hat der Computer auch im Theater Einzug gehalten, namentlich im Bereich der Bühnentechnik: in Beleuchterlogen, auf Beleuchterbrücken und Schnürbodengalerien sind Bildschirme montiert, die den Technikern den aktuellen Stand der Lichteinstellungen bzw. die Lage und Stellung von Elementen der Bühnenmaschinerie anzeigen.

2   3   4   5   6   7   8

Stehende Bühnen mit einem Tourneeauftrag

Aehnliche Zielsetzungen wie die Stadttheater, Opern- und Schauspielhäuser verfolgen stehende Bühnen mit einem Tourneeauftrag für bestimmte Regionen. Sie werden meist nach einem komplizierten Verteiler von öffentlichen Trägern finanziert (Théâtre Populaire Romand, La Chaux-de-Fonds; Theater für den Kanton Zürich, Winterthur;

Teatro della Svizzera Italiana, Blasca; Theater für den Kanton Bern, Wangen). Einen die Landesgrenzen überschreitenden Ruf geniesst das *Théâtre Populaire Romand*, das seit 1961 unter der Leitung von Charles Joris auf genossenschaftlicher Basis richtungsweisend Theater macht.

Theater für den Kanton Zürich Winterthur: Schwimmbühne am Pfäffikersee (F: Heinrich Spörri, Winterthur)

Weitere Informationen zum Theater des 20. Jahrhunderts finden Sie auf den 10 Bildschirmen oben. Drücken Sie den Knopf «Ihres Interesses»!

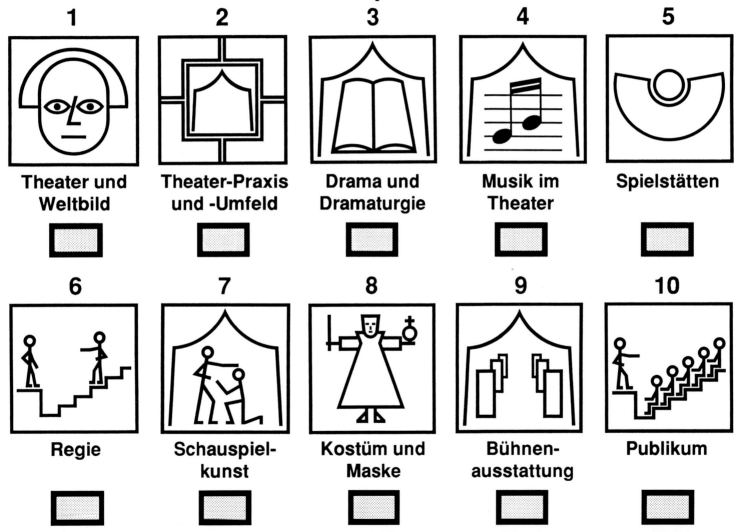

1 Theater und Weltbild

2 Theater-Praxis und -Umfeld

3 Drama und Dramaturgie

4 Musik im Theater

5 Spielstätten

6 Regie

7 Schauspiel-kunst

8 Kostüm und Maske

9 Bühnen-ausstattung

10 Publikum

Theater und Weltbild im 20. Jahrhundert

In Geist und Phantasie kann sich der Mensch über die Gesetze von Zeit und Raum hinwegsetzen. Ausdruck davon ist in vielerlei Hinsicht das künstlerische Schaffen des 20. Jahrhunderts. Film, Hör- und Fernsehspiel eignen sich in idealer Weise dazu, vorgefundene und vorproduzierte Elemente zu verbinden, zu "montieren" und so zeitlich und räumlich weit auseinander ablaufende Handlungen nahe zueinander zu bringen; Rück- und Vorausblenden bieten bei diesen technischen Medien keinerlei Probleme. - Im 20. Jahrhundert geht auch das Theater freier als je zuvor mit Raum und Zeit um. Bühnentechnische Errungenschaften (Drehbühne, Wagenbühne, Bühnenpodien), insbesondere aber die Perfektion der Bühnenbeleuchtung und -projektion machen es möglich, die Wirklichkeit des ungebundenen menschlichen Bewusstseins auch mit theatralen Mitteln umzusetzen und dies in einer Unmittelbarkeit, die kein technisches Medium erreicht. - Ungebundenheit des Bewusstseins zeigt sich auch in den unterschiedlichen ideologischen Zielen der Theaterschaffenden. Diese sind so vielfältig wie die Weltbilder des Jahrhunderts, dessen zwei Weltkriege inhaltliche und künstlerische Neuorientierungen ausgelöst haben: neben nihilistisch-resignativen Reflexen gab und gibt es Strömungen, in denen Autoren und Theaterleute für eine Verbesserung der gesellschaftlichen Verhältnisse und für die künftige Vermeidung derartiger Katastrophen warben und werben.

1

Theater-Praxis und Theater-Umfeld

Im Laufe des Jahrhunderts ist europaweit der Finanzbedarf der Theater stetig gewachsen: einerseits stellte man die Bühnenkünstler sozial nach und nach besser; andererseits stiegen die Qualitätsansprüche an die Theater massiv an - nicht zuletzt wegen der Konkurrenz von Film, Fernsehen und Schallplatte. Um diesen Ansprüchen zu genügen, wurden die Probenzeiten erheblich verlängert, indem man die Anzahl Produktionen pro Spielsaison rigoros senkte. - In jüngerer Zeit ergaben sich für Kerngemeinden, welche (wie häufig in der Schweiz) ein Theater hauptsächlich tragen, ernsthafte Finanzierungsprobleme: viele ihrer Steuerzahler wandern in die Vororte ab, und die Regionsgemeinden zeigen mässiges Interesse, sich an den stets wachsenden Aufwendungen für Verkehr, Bildung und Kultur der Kernstädte angemessen zu beteiligen. So zahlreich wie die Zielsetzungen der Theaterschaffenden sind die Verbände und Organisationen, die ihre Interessen vertreten. Seit 1947 existiert als weltweite Dachorganisation und als Untersektion der UNESCO ein Internationales Theater-Institut mit nationalen Zentren (ITI). Das nationale Zentrum der Schweiz wurde 1985 als Dachorganisation der inländischen Verbände reaktiviert.

2

Der Dramaturg - neu entdeckt im 20. Jahrhundert

Vor allem an stehenden, öffentlich subventionierten Theatern hat sich seit dem Beginn des 20. Jahrhunderts ein neuer Beruf etablieren können: der Dramaturg. Das griechische Wort "dramaturgos" heisst "jener, der sich mit dem Drama beschäftigt"; die Griechen bezeichneten den Dramen-Schreiber, den Dramatiker als "dramaturgos". Dramaturgen sollten sich in der Dramaturgie, in der Lehre vom fachgerechten Bau eines Dramas auskennen und in der Lage sein, wenig erfahrene Dramatiker zu fördern. Im 20. Jahrhundert hat man daher die Funktion des Dramaturgen u.a. "als literarisches Gewissen eines Theaters" umschrieben. Häufig geisteswissenschaftlich ausgebildet, wirkt er auch als Berater des Direktors in Fragen der Spielplangestaltung, des Künstlerengagements und der Rollenbesetzung. Meist redigiert er die Programmhefte eines Theaters und übernimmt andere Aufgaben der Oeffentlichkeitsarbeit. Bereits etwa ab 1960 hat man an mittleren Stadttheatern mindestens zwei Dramaturgenstellen geschaffen. Im Nachgang der 68er Studenten- und Jugendrevolten kennt man an vielen Häusern zusätzlich die Funktion des Produktions-Dramaturgen: als Gesprächspartner des Regisseurs und der Darsteller hat er einerseits Hintergrund-Informationen für eine Inszenierung zu liefern und sollte andererseits während der Proben die Stelle eines kritischen Publikums einnehmen und dabei prüfen, ob Wirkungsabsichten deutlich genug realisiert wurden.

3

Musiktheater

Die Spielpläne des heutigen Musiktheaters enthalten - vorwiegend den Wünschen des angestammten Publikums folgend - die bewährten klassischen Werke von Claudio Monteverdi bis zu Giacomo Puccini und Richard Strauss. Kompositionen aus unserer Zeit werden recht selten angeboten. Eine Spielplanerweiterung sucht man eher herbeizuführen, indem man vergessene Werke oder Kompositionen aus der Frühzeit der Operngeschichte "ausgräbt". Nicht allein auf dem Gebiet des Dramas beeinflusst Amerika das europäische Theaterleben des 20. Jahrhunderts. Etwa ab 1950 erfreut sich eine Form des musikalischen Unterhaltungstheaters, das Musical, auch in Europa grosser Beliebtheit. Oft werden Stoffe aus der klassischen Dramenliteratur in einfache, gut verständliche und pointierte Dialoge gefasst und mit Songtexten versehen. Die Kompositionen zielen auf eingängige, zum Schlager geeignete Melodien. Das Musical entstand schon gegen Ende des 19. Jahrhunderts in den USA. Später wurde es durch Jazz und Rockmusik stark beeinflusst. Bei der szenischen Gestaltung dieses Genres spielt neben dem schauspielerischen und dem gesanglichen auch das tänzerische Element eine ganz entscheidende Rolle.

4

Theaterbau und Bühnentechnik

Auch hinsichtlich des Theaterbaus erwies und erweist sich das 20. Jahrhundert als pluralistisch. Einerseits findet das traditionelle Konzept des höfischen Guckkastentheaters bis in die Gegenwart hinein Befürworter, vor allem unter Musiktheaterfreunden und nicht zuletzt aus nostalgischen und denkmalpflegerischen Gründen. Bei Neubauten versuchte man andererseits, - einem demokratischen Anspruch gemäss - möglichst gleiche Sichtverhältnisse für die Zuschauer zu schaffen. Die hochdifferenzierte Maschinerie im Bühnenhaus dient zunächst Transportzwecken beim Auf- und Abbau der Dekorationen. Ausserdem bieten sie Regisseuren und Bühnenbildnern während den Aufführungen rasche und vielfältige Verwandlungsmöglichkeiten. Die Beleuchtungsanlagen mit lichtstarken Scheinwerfern, Effektapparaten und Projektoren sowie mit einer grossen Zahl von unabhängigen Stromkreisen erlauben jede denkbare Stimmung auf der Bühne, von Taghelle bis zu spärlichstem Licht. Beleuchtung und Bühnenmaschinerie werden heute durch Computer gesteuert: auf den technischen Proben einmal ermittelte Einstellungen der Maschinerie oder des Lichtes sind dadurch jederzeit in Sekundenschnelle reproduzierbar. Wie alle Technik darf man auch die des Theaters weder über- noch unterschätzen. Ihre Qualität leitet sich aus einer sinnvollen Nutzung ab, wobei diese dann als sinnvoll gelten kann, wenn sie den theatralen Ausdruck verstärkt.

5

Das Theater des 20. Jahrhunderts ist ein Regie-Theater

Die Inszenierung hat seit Ende des 19. Jahrhunderts einen kaum angefochtenen hohen Stellenwert behalten. Stil ist im pluralistischen Zeitalter keine Frage der Epoche mehr, sondern der Regie-Persönlichkeit. Der bedeutende deutsche Regisseur Erwin Piscator (1893 - 1966) schrieb 1929 über die Funktion seines Berufes: "Der Regisseur kann nicht blosser 'Diener am Werk' sein, da dieses Werk nicht etwas Starres und Endgültiges ist, sondern, einmal in die Welt gesetzt, mit der Zeit verwächst, Patina ansetzt und neue Bewusstseinsinhalte assimiliert. So wächst dem Regisseur die Aufgabe, jenen Standpunkt zu finden, von dem aus er die Wurzeln der dramatischen Schöpfung blosslegen kann. Dieser Standpunkt kann nicht erklügelt und nicht willkürlich gewählt werden: Nur insoweit der Regisseur sich als Diener und Exponent seiner Zeit fühlt, wird es ihm gelingen, den Standpunkt zu fixieren, den er mit den entscheidenden, das Wesen der Epoche formenden Kräften gemeinsam hat." Dieses Zitat könnte auch von Max Reinhardt (1873 - 1943), dem 'Vater der modernen Regie', stammen. Er hat sich auf seine überaus zahlreichen, stets weithin beachteten Inszenierungen in Berlin, Wien und Salzburg, später in seinem nordamerikanischen Exil stets gründlichst vorbereitet. Trotz exaktem Regiebuch ging Reinhardt in den Proben auf ihm nicht bekannte Voraussetzungen der Schauspieler und der Bühne virtuos ein.

6

Der Beruf des Darstellers

Schon im Uebergang zum 20. Jahrhundert und dann in seinem weiteren Verlauf wurden für die Ausbildung und die Methode des Schauspielerberufes Systeme entwickelt. Das wohl bedeutendste stammt vom Russen Konstantin Stanislawski (1863 - 1938). Vereinfacht ausgedrückt, beinhaltete Stanislawskis Theorie: der Schauspieler wirkt auf den Zuschauer nur ungebrochen echt, wenn er seinen Körper, sein Bewusstsein, ja sogar sein Unbewusstes total in den Dienst der sorgfältig analysierten darstellerischen Aufgabe stellt. Dabei müssen nach Stanislawski Haupt- und Nebenaussagen der Spielvorlage erkannt und zu entsprechenden Haupt- und Nebenaspekten der genannten Aufgabe gemacht werden. Stanislawskis Ideal waren durch lange Probenzeiten eingeübte 'Spontan-Schauspieler'. Brecht hatte den entgegengesetzten Schauspielertypus, den 'Darstellungs-Schauspieler', zum Ziel. Nach Brecht darf das spielende Subjekt des Schauspielers nie mit dem dargestellten Subjekt der Rolle verschmelzen. Der Brecht-Darsteller muss gleichsam neben der Rollenfigur stehen, diese kritisch führen und kommentieren. Eine einseitige Festlegung auf eine dieser polaren Richtungen ist in jüngerer Zeit nicht mehr angezeigt. Die pluralistische Inszenierungsweise pluralistischer Spielvorlagen setzt bei Darstellern eine enorme Vielseitigkeit voraus. Neue Formen wie etwa das Musical erfordern vom Schauspieler ein hohes Mass gesanglicher, tänzerischer und akrobatischer Fertigkeiten.

7

Kostüm und Maske

Der individualistische Stilwille der Regisseure, Kostüm- und Bühnenbildner, der von Film und Fernsehen ausgehende Konkurrenzdruck, die generell erheblich verlängerten Produktionszeiten und neue technische Möglichkeiten haben im 20. Jahrhundert zur Perfektion des Ausstattungswesens beigetragen. Es gab bald einmal nach dem 2. Weltkrieg - auch an kleineren Provinztheatern - kaum mehr Inszenierungen, für die nicht mindestens die Kostüme für die Hauptdarsteller in hauseigenen Werkstätten neu entworfen und genäht wurden. Niemand will Ausdruckspotenz und stilbildendes Moment des Kostüms ungenutzt lassen; daher werden aus dem Fundus geholte Einzelstücke in der Regel umgearbeitet und dem Regie- und Ausstattungskonzept angepasst. Die Ausbildung zum Kostümbildner - es gibt mehr weibliche als männliche Vertreter des Berufsstandes - erfolgt vorläufig nur an ausländischen Akademien für angewandte Kunst, die eine Fachklasse führen. Vertraut mit der Praxis des Theaters werden die Absolventen einer Akademie meist als Assistenten erfahrener Vertreter des Metiers. Der Maskenbildner, am Theater verantwortlich für Schminkmasken und Perücken der Darsteller, ist ein in der Schweiz noch nicht anerkannter Lehrberuf. Kenntnisse und Fertigkeiten sind im praktischen Theaterbetrieb zu erwerben. Meist handelt es sich um eine Zweitausbildung nach einer Coiffeurlehre.

8

Gestaltung des Bühnenraumes

Eine gewaltige Wandlung und Qualitätssteigerung machte im 20. Jahrhundert das Ausstattungswesen auch auf dem Gebiet der Szenenraumgestaltung durch. Enorme Fortschritte der Kunststoffchemie, der Bühnen- und Beleuchtungstechnik machten es möglich, keinen einzigen der noch aktuellen Reformwünsche der Jahrhundertwende unerfüllt zu lassen. Bewegungen der Verwandlungsmaschinerie machen die Bühne zu einem fast unbegrenzten dynamischen Raum, der mit vollplastischen Elementen ausgestattet werden kann. Lichtanlagen mit regelbaren Beleuchtungs- und Projektionsgeräten höchster Helligkeit bieten auch schon einer maschinell bescheiden oder nicht ausgerüsteten Bühne (Keller- und Kleintheater) die Möglichkeit zu dynamischer Szenografie. Auch die Kunst der Bühnenausstattung erweist sich als pluralistisch. Bühnenbildner und Regisseur suchen für eine Inszenierung gemeinsam die optisch-stilistische Lösung, welche ihrer momentanen Interpretation und Sicht der Spielvorlage angemessen erscheint. Wie der Kostümbildner lassen sich Szenografen meist an Akademien für angewandte Kunst beruflich vorbilden und erwerben dann weitere Fähigkeiten als Assistenten eines erfahrenen Berufskollegen. Es gelang und gelingt Schweizer Vertretern des anspruchsvollen Metiers im 20. Jahrhundert immer wieder, internationalen Ruf zu erlangen.

9

Ohne Publikum kein Theater

Die Theaterkritiker von Presse und elektronischen Medien gewannen im 20. Jahrhundert eine nicht zu unterschätzende theaterpolitische Bedeutung. Nach Einführung der Theaterwissenschaft an den Hochschulen vieler Länder besteht die Möglichkeit einer fundierten Vorbildung für den verantwortungsvollen Beruf des Kritikers. Bei aller Wichtigkeit der Rezensenten - entscheidender für die Weiterexistenz des Theaters ist das übrige Publikum. Margot Berthold beschliesst ihre "Weltgeschichte des Theaters", welcher wir zahlreiche Anregungen für unsere permanente Ausstellung verdanken, mit den Worten: "Solange das Publikum nicht vergisst, dass es ein mitschöpferischer Faktor des Theaters ist und kein blosser passiver Konsument, solange es sein Recht behauptet, mit Zustimmung oder Protest an einer Aufführung spontanen Anteil zu nehmen - solange wird das Theater nicht aufhören, ein erregendes Element unserer Existenz zu sein."

10

Antikes Griechenland

Antikes Griechenland: Rundgang

 In Griechenland wurden an der Wende vom 6. zum 5. Jahrhundert v. Chr. mit der Entwicklung der Tragödie und der Komödie die Voraussetzungen für das abendländische Theater geschaffen. Die Tragödie ging aus kultischen, tänzerisch aufgeführten Chorliedern zu Ehren des Dionysos hervor. Als Ursprung der Komödie sind «fastnächtliche» Maskentreiben – ebenfalls zu Ehren des Dionysos – anzunehmen. Die Heldensage, das Verhältnis des Menschen zu den Göttern, bildet den zentralen Inhalt der Tragödien. Der Betrachter soll ergriffen werden, sich mit den dargestellten Personen identifizieren und dadurch von seinen eigenen Affekten befreit werden. Für die Komödie ist die Rüge an öffentlichen und privaten Institutionen und Personen charakteristisch. Der Dichter betrachtet es als seine Pflicht, durch Spott als Hüter der traditionellen Werte dem Vaterland zu dienen. Besonders Politiker sind dabei Zielscheibe scharfen Spottes.

Wenn Sie nun die Wände nacheinander im Uhrzeigersinn betrachten, sehen Sie an der ersten Wand rechts drehbare Prismen, genannt Periakten, die eine Erfindung aus hellenistischer Zeit sind. Mit ihrer Hilfe konnte ein rascher Szenenwechsel durchgeführt werden, ohne dass Bühnenarbeiter bemalte Holztafeln auswechseln mussten, wie sie vorher als Bühnenbild verwendet worden waren.

Wenn Sie die Holzkurbel auf der rechten Seite der Periakten drehen, sehen Sie den Rekonstruktionsversuch eines perspektivisch gemalten Vasenbildes, die sogenannte Würzburger-

Skenographie. Sie finden hier auch weitere Informationen zum griechischen Theater.

Über den Periakten sehen Sie verschiedene Vasenbilder mit Tragödien- und Komödienszenen.

An der nächsten Wand folgen in einem Lauftext Informationen zum Ursprung des griechischen Dramas, das auf den Dionysoskult zurückgeht. Diesem Gott zu Ehren wurde es – an den Dionysien – auch später aufgeführt. Aus diesem Grund war die Darstellung tanzender Satyrn, einer Schar ausgelassener und wilder Gesellen aus dem Gefolge des Dionysos, besonders beliebt. Als Beispiel sehen Sie das Schwarz-weiss-Bild einer solchen Szene auf einer Vase.

An der nächsten Wand finden Sie Hinweise zu Aischylos, Sophokles und Euripides, den drei berühmten griechischen Tragödiendichtern. Als wichtigste Vertreter der Komödie gelten Aristophanes, der sehr scharf die zeitgenössische Politik «aufs Korn» nahm, und aus der Zeit des Hellenismus Menander, der sich dem bürgerlichen Intrigenspiel zuwandte.

Für das griechische Drama waren die Kostüme wesentlich: in der Tragödie trugen die Schauspieler lange, bunte, oft reich bestickte Gewänder; in der Komödie wurden charakteristische Körperteile der Schauspieler, so die überdimensionierten Phalloi, aber auch Bäuche und Gesässe – durch starke Polsterung ins Groteske vergrössert – mit viel Spass am possenhaften Treiben dargestellt.

Auf zahlreichen Vasenbildern wurden solche Komödienszenen immer wieder festgehalten. Sie sehen einige Beispiele dazu.

Musik und Gesang erfüllten eine sehr wichtige Funktion im griechischen Drama. Die Chorgesänge, begleitet von Flötenspiel, bildeten das kommentierende und verbindende Element zwischen den Einzelszenen in der Tragödie und Komödie.

Auf der Abbildung einer attischen Vase sehen Sie Kithara spielende Satyrn.

Auf der nächsten Wand finden Sie Informationen zum griechischen Theaterbau. Die ersten Aufführungen lyrischer Chorlieder fanden auf einem festgestampften Platz, der Orchestra, statt. Die Zuschauer standen dabei rundherum, und erst später wurden Holzbänke als Sitzgelegenheit hingestellt. Den Mittelpunkt des Platzes bildete, dem kultischen Charakter der Aufführung entsprechend, ein Opferaltar, die Thymele.

Am Ende des 6. Jahrhunderts v.Chr. entwickelte sich das Chorlied zum dramatisch-szenischen Spiel, indem ein erster Schauspieler als Antworter dem Chor gegenübergestellt wurde. Er hatte seinen Standort auf den nun vergrösserten Stufen des Altares.

Auf der einen Seite der Orchestra wurde die Skene, zuerst ein Zelt, später ein Holzbau mit flachem Dach, als Umkleideraum und Requisitenkammer für die Schauspieler errichtet. Mit der Zeit bezog man die Skene ins Spiel ein, und

sie charakterisierte als Spielhintergrund den Ort der Handlung, z.B. als Palast oder als Tempelhalle. Im Laufe der Zeit erfuhr die Skene mehrfache Veränderungen und wurde schliesslich aus Stein errichtet.

Der Zuschauerbereich entwickelte sich – vis-à-vis der Skene – auf der entgegengesetzten Seite der Orchestra. Als Sitzgelegenheit wurden erst Stufen, die dem Grundriss der Orchestra folgten, ins Erdreich gegraben, später aus Stein erstellt. In der ersten Reihe waren besondere Sitze für Priester und hohe Beamte reserviert.

In diesem Raum sehen Sie das Modell eines der ältesten griechischen Steintheater, erstellt im späten 6. Jahrhundert v. Chr. Die Anlage steht in Thorikos, ungefähr 50 km süd-süd-östlich von Athen *(siehe nebenstehende Fotografie);* die Anlage passt sich der natürlichen Form des Geländes an; für die Zuschauer, die eine vorzügliche Sicht auch aufs Meer hatten, waren am Abhang des Berges Sitzreihen erstellt worden.

Der Zuschauerraum ist noch nicht streng geometrisch im Halbkreis gestaltet wie später in hellenistischer Zeit (ein entsprechendes Beispiel werden Sie im nächsten Ausstellungsraum sehen, nämlich das Modell des Theaters von Epidauros).

Beim Modell aus Thorikos finden Sie Illustrationen zur Entwicklung der Spielstätte des frühen

Modell im Massstab 1 : 100 des klassisch-griechischen Theaters von Thorikos (östlicher Peloponnes), erbaut 1987 von Lukas Wahlich

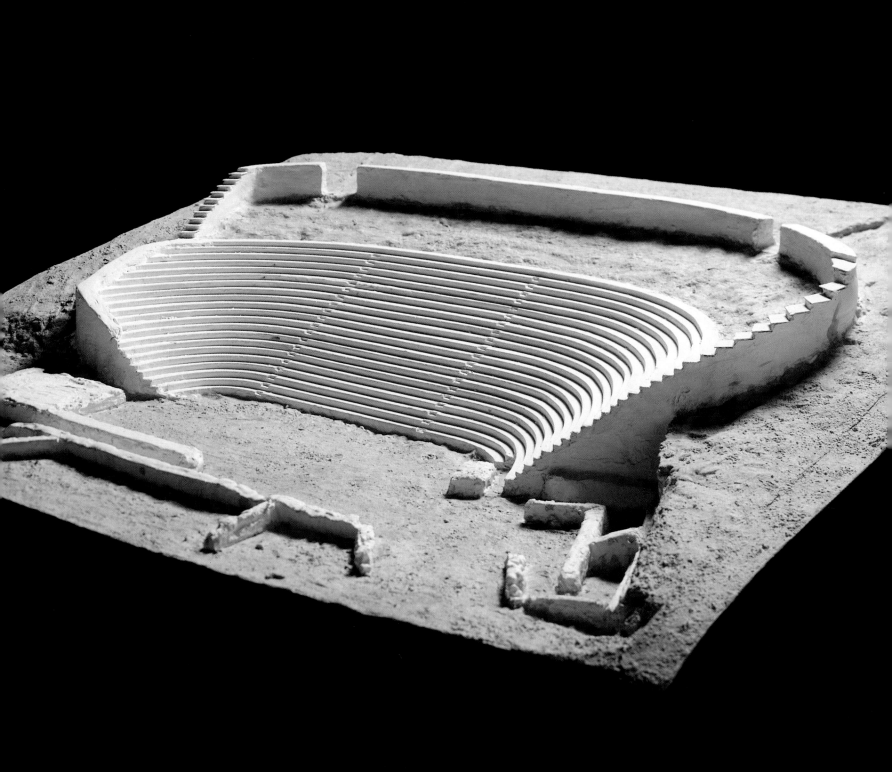

griechischen Theaters. Eine Fotografie zeigt Schautreppen der minoischen Palastanlage von Phaistos in Kreta, die möglicherweise die Anfänge des griechischen Theaterbaus beeinflussten.

Die Griechen verwendeten bei ihren Theateraufführungen schon im 5. Jahrhundert geschickt konstruierte Maschinen. Sie sehen die Abbildung einer Maschinenanlage des Dionysostheaters in Athen, das sich am Fuss der Akropolis befindet. Auf der linken Seite schwenkt ein hölzerner Hebekran die Götter und Helden auf die Bühne; in der Mitte ist eine Art Bühnenwagen zu erkennen, auf dem Innenräume dargestellt wurden und der bei Bedarf auf die Skene hinaus geschoben werden konnte. Sie finden hier

auch eine Luftaufnahme des hellenistischen Theaters von Epidauros.

Weiter folgen Illustrationen zur Maske, einem sehr wichtigen Element des griechischen Dramas. Neben der Charakterisierung von Figuren hatte die Maske auch auf Distanz zu wirken, weil die griechischen Theater beachtliche Dimensionen aufwiesen. Der Charakter einer Rolle und der Gesichtsausdruck der dargestellten Person sollten auch in den obersten Sitzreihen des Zuschauerraumes deutlich erkennbar sein. Einen noch besseren Eindruck als die erwähnte Luftaufnahme des Theaters von Epidauros vermittelt Ihnen das Modell jener Anlage im nächsten Ausstellungsraum.

Szenische Verwandlung
durch dreiseitige Prismen

Als Mittel szenischer Verwandlung sind aus der späten griechischen Antike (Hellenismus) *Periakten* bezeugt. Die dreiseitigen, auf eine ihrer Dreiecksflächen gestellten Prismen waren je um eine senkrecht über dem Mittelpunkt der Standfläche errichteten Achse drehbar. Ihre Seitenflächen bemalte man mit drei unterschiedlichen Dekorationstypen. So war ein Überraschungseffekt möglich: die zueinander passenden, dem Publikum vorerst nicht zugewandten Flächen aller Prismen konnten gleichzeitig ins Gesichtsfeld der Zuschauer gedreht werden.

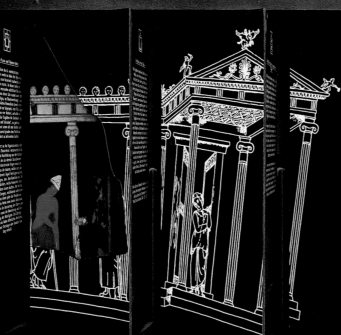

Möchten Sie zusätzliche Informationen?

Drehen Sie an der Kurbel - sehen Sie was geschieht!

Szenische Verwandlung durch dreiseitige Prismen

Als Mittel szenischer Verwandlung sind aus der späten griechischen Antike (Hellenismus) Periaktoi bezeugt. Die dreiseitigen, auf eine ihrer Dreiecksflächen gestellten Prismen waren je um eine senkrecht über dem Mittelpunkt der Standfläche errichteten Achse drehbar. Ihre Seitenflächen bemalte man mit drei unterschiedlichen Dekorationstypen. So war ein Überraschungseffekt möglich; die zueinander passenden, dem Publikum vorerst nicht zugewendeten Flächen aller Prismen konnten gleichzeitig ins Gesichtsfeld der Zuschauer gedreht werden. (Periktoia: Würzburger Skenographie, Fragmente einer Vase aus Tarent, um 380 v. Chr; Martin von Wagner-Museum, Würzburg; unterlegte Zeichnung: Rekonstruktion des Szenenbildes durch Heinrich Bulle, 1934)

**Möchten Sie zusätzliche
Informationen?**

**Drehen Sie an der Kurbel –
sehen Sie, was geschieht!**

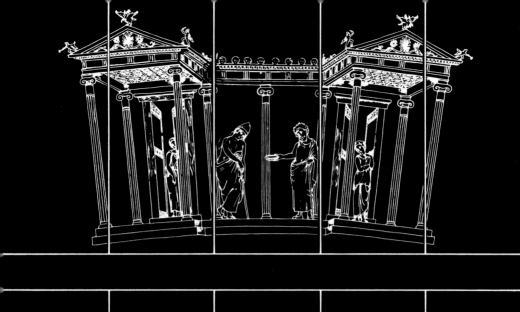

Theater und Weltbild

Theater-Praxis und Theater-Umfeld

Drama und Dramaturgie

Musik im Theater

Spielstätten

Regie

Schauspiel-kunst

Kostüm und Maske

Bühnen-ausstattung

Publikum

Die alten Griechen erfinden das institutionelle Theater

Hier ist nicht der Ort, die widersprüchlichen Forscherurteile über den exakten Ursprung des griechischen Theaters zu diskutieren. Gesichert scheint, dass die Tragödie aus kultischen Feierlichkeiten hervorging, die im 6. vorchristlichen Jahrhundert in Athen am Fuss der Akropolis veranstaltet wurden, um Dionysos zu huldigen, den man zugleich als Gott des Weines, des Wachstums, der zeugenden und überschäumenden Lebenskraft sowie der Verwandlung (!) verehrte. Zunächst boten Chöre Gesang und Tanz dar, ohne dass vorerst eine theatrale Aktion zustande kam. Dies änderte sich grundlegend, als dem Chor ein Spieler gegenübertrat und mit ihm einen Dialog zu führen begann. Im Laufe der Entwicklung gesellten sich ein weiterer Schauspieler und schliesslich noch ein dritter hinzu.

Das Theater wurde bald zu einem zentralen gesellschaftlichen und kulturellen Ereignis: am Anfang war es eine mit allem religiösen Ernst zweimal im Jahr zu Ehren des Dionysos zelebrierte Feier, an welcher die männlichen Vollbürger und mit beschränkten Rechten auch Frauen teilnahmen. Im Laufe der Zeit wurde das Theater dann zu einem Medium, das menschliche Schwächen ebenso aufs Korn nahm wie Ungereimtheiten im Staatswesen und in der Götterwelt. Wesentlich ist der politische Charakter des griechischen Theaters. Die Wahl und Bearbeitung der Stoffe aus dem Mythos spiegelten aktuelle politische Ereignisse und Probleme.

Wettkämpfe hatten im Leben der alten Griechen einen hohen Stellenwert. Neben den sportlichen Bewerben gab es auch kulturelle. So waren die Theaterfeste zu Ehren des Dionysos zugleich Wettbewerbe: drei bei einer Vorauswahl ermittelte Tragödiendichter massen sich untereinander mit ihren speziell zu diesem Anlass verfassten Werken und deren theatraler Umsetzung vor einem strengen, durch Wahl bestellten Preisgericht. Einer solchen Jury stellten sich ebenfalls fünf Komödiendichter.

Theater-Praxis und Theater-Umfeld

Gegen Ende des 6. vorchristlichen Jahrhunderts wurde in Athen die Tyrannis durch die erste historisch nachweisbare Demokratie ersetzt. In dieser befreiten Atmosphäre entstanden schriftlich fixierte Tragödien; aus dieser Zeit stammt auch der Brauch, im Agon, im Theaterwettkampf, von drei ausgewählten Dramatikern jeweils drei Tragödien und ein Satyrspiel, eine Tetralogie (Gruppe von vier Werken), aufzuführen. Versetzten die Tragödien die Zuschauer in "Furcht und Schrecken", so gab das Satyrspiel mit seinen oft sehr derben und ausgelassenen Episoden dem Publikum Gelegenheit zu befreiendem Lachen.

Bemerkenswert ist die Organisationsform der griechischen Theaterfeste: verantwortlich für Planung und Durchführung war der Archon Eponymos, der als oberster Staatsbeamter auch über künstlerische Fragen entschied. Ihm reichten die Autoren, welche sich am Theater-Wettbewerb (Agon) beteiligen wollten, ihre Tetralogien, bzw. ihre Komödien ein. Er entschied darüber, welche Dramatiker ihre Werke aufführen lassen durften. Der Archon wählte die Choregen, wohlhabende athenische Bürger, von denen jeder die Produktionskosten für die Werke eines Autors übernahm. Dazu gehörten die Ausstattung des Chores und der Spieler sowie die Honorierung und die Verpflegung der Beteiligten. Ein Chorege erwarb sich ein hohes öffentliches Verdienst, wenn er einer Tetralogie oder Komödie zum Sieg verhalf.

Im Anfang war der Chor...

Die Tragödien beinhalteten Stoffe aus dem Mythos, wie ihn beispielsweise Homer überliefert hatte: Götter und Heroen der Vorzeit traten auf, und der Chor kommentierte deren archetypische Schicksale. Der Dichter Thespis soll dem Chor erstmals einen "Antworter", einen einzelnen Schauspieler, den Protagonisten, gegenüber gestellt haben. Dieser Darsteller spielte die Haupt- oder Titelrolle. Weitere Rollen kamen in der Tragödie erst vor, als Aischylos einen zweiten Schauspieler einführte, welcher dann mittels Masken- und Kostümwechsel sämtliche Nebenrollen verkörperte. Als schliesslich Sophokles den dritten Schauspieler einsetzte, teilten sich die beiden Nebendarsteller in die kleineren Rollen einer Tragödie. Die Chorlieder mussten genügend lang sein, damit der oder die Schauspieler in einem Zelt (= griech.: skene) hinter der Orchestra, zu späteren Zeiten im "Skene-Gebäude", Masken und Kostüme wechseln konnte(n).

Nicht allein als Dramatiker schufen die alten Griechen Hervorragendes; bedeutsam bis heute blieb im Bereich der Dramentheorie die "Poetik" des Aristoteles (384 - 322 v.Chr.).

Die Rolle der Musik im altgriechischen Theater

Auf der engen Verbindung von Wort und Ton beruhte die umfassende Bedeutung, die der Musik im griechischen Geistesleben zukam. Die Philosophen Plato und Aristoteles waren überzeugt, dass die Musik – je nach Ausdrucksform – verschiedene sittliche Empfindungen bewirke. Dies ist eine Voraussetzung, welche in der Dramaturgie der griechischen Tragödie eine entscheidende Rolle spielt.

Gesang und Vers bildeten im Ursprung der griechischen Kultur eine untrennbare Einheit. Dies galt noch lange Zeit für die Chorpartien der Tragödien; anders war es mit den Episoden des Schauspielers, welche schon vor Aischylos nicht mehr gesungen, sondern pathetisch gesprochen wurden.

In der antiken Inszenierung kam auch Instrumentalmusik zur Anwendung. Die Chorlieder wurden meist mit der Doppelflöte, gelegentlich auch mit der Kithara, einer handlichen Harfenart, begleitet. In der Regel schritten dem Chor bei seinem Einzug Doppelflöten- und ein Kithara-Spieler voran.

Spielstätten

Die Spielstätten der alten Griechen verfügten über erstklassige Sichtverhältnisse, über eine ausgezeichnete Akustik und über eine Reihe bühnentechnischer Errungenschaften. Die eine von den zwei wesentlichsten war eine Art Bühnenwagen, genannt Ekkyklema, der aus dem Tor in der Mitte des Skene–Gebäudes herausgerollt werden konnte und der eingesetzt wurde, wenn dem Publikum eine Handlung – etwa weil sie anstössig war – nicht selbst gezeigt werden sollte, sondern bloss deren Ergebnis. Zu denken ist beispielsweise an den Muttermord in der "Orestie" oder an den Kindermord in der "Medea". Die zweite bühnentechnische Erfindung kam zum Zug, wenn das szenische Geschehen stockte, wenn eine nach menschlichem Ermessen unlösbare Situation eingetreten war. Dann griff ein Gott oder ein Heros, von "oben" herabschwebend, in die Handlung ein, der sprichwörtliche "Deus ex machina", der Gott aus der Maschine. Möglich machte dies ein Kran (=griech.: geranos), welcher einen Schauspieler in einem Korb von hinten über das Skenegebäude auf die Orchestra zu schwenken vermochte.

Regie

Die alten Griechen kannten die Funktion des Regisseurs. In der Frühzeit waren Dramatiker, Regisseur und Protagonist oft ein und dieselbe Person. Die Tragödien, Satyrspiele und Komödien waren nicht primär Literatur, sondern Partitur: man konzipierte die Werke für eine lebendige Umsetzung auf der Bühne. Da für die Beteiligten im harten Wettkampf einiges auf dem Spiel stand, bildete sich früh eine gewisse Professionalität heraus.

Unter der Spielleitung des Dichters, der gemeinsam mit dem Choregen Schauspieler und Chor-Sänger (Choreuten) zu bestimmen und die Kostüme, Masken und Dekorationen auszuwählen hatte, wurde monatelang geprobt, vorerst ohne Kostüme. Des Chores wegen, und weil die Schauspieler sehr oft mit einem Statisten-Gefolge auftraten, mussten die antiken Spielleiter auch das choreographische Handwerk beherrschen.

Schauspielkunst

Von den griechischen Darstellern wurde ausserordentlich viel verlangt. Sie mussten nicht allein ausgezeichnete Sprecher und Sänger sein, sondern auch hervorragende Tänzer. Auch die Gedächtnisleistung, die man ihnen abverlangte, war enorm: ohne sich auf einen Souffleur verlassen zu können, mussten die Schauspieler grosse Protagonistenrollen oder aber drei bis vier Nebenrollen textlich, gesanglich und choreografisch perfekt beherrschen. Regisseur und Chorege trafen unter dem Druck des Wettbewerbes eine strenge Auswahl. Der Darstellungsstil machte im Lauf der altgriechischen Theaterentwicklung eine Wandlung durch: In der aischyleischen Zeit (Ende 6. bis Mitte 5. Jahrhundert v.Chr.) wendete man auf der Bühne einen Kanon von gleichsam 'normierten', allgemein bekannten Symbolgebärden an. Diese stilisierte, der Naturnachahmung entgegengesetzte Art der Darstellung deutet auf die rituelle Ursprungskomponente des griechischen Theaters. Im Laufe der Zeit, ganz deutlich ab dem 4. Jahrhundert v.Chr., kam ein realistischer Darstellungsduktus auf. Dies ist eine Entwicklung, die einherging mit der zunehmenden Säkularisation, also Versachlichung und Verweltlichung des griechischen Theaters.

In der griechischen Antike wurden Frauen grundsätzlich durch Männer dargestellt. Diese Regel war umso leichter durchzuführen, als die griechischen Darsteller stets mit Masken auftraten.

Kostüm und Maske

Gesicht- und Haarfarbe der Masken hatten
Symbolwert: So trugen beispielsweise Leidende
und Unglückliche dunkles, Glückliche und
Strahlende blondes Haar. Die Charakterzüge
Schläue und Verschlagenheit deutete man
durch fuchsrotes Haar an. Eine helle
Gesichtsfarbe bei Männern interpretierte man
in Richtung Kränklichkeit oder Verweichli-
chung; eine gebräunte Gesichtshaut dokumentierte Gesundheit und Vitalität. Auch die
Form der Haartracht war Indiz: kurze Haare
etwa standen für Geiz oder philosophische
Strenge, krause für vitale Kraft, und langes
wallendes Haar war Fürsten und Königen
vorbehalten.

Schon seit den Anfängen des griechischen
Theaters bestand ein Unterschied zwischen
Bühnenkostüm und Alltagstracht: die theatrale
Figur hatte als etwas Erhabenes und
namentlich auch körperlich Grosses zu
erscheinen. Dies wurde u.a. mit Polstern vor
Brust und Unterleib erreicht und durch die
Heraufsetzung der Taille. Die Kostümfarben
setzte man wie die Haar- und Hautfarbe der
Masken situations- und rollengemäss ein:
helle deuteten auf eine positive Gestimmtheit
der Figuren; Depressive trugen dunkle
Farben.

Ausstattung der Szene

In der Zeit vor Aischylos behalf man sich
mit einfachen Andeutungen des Handlungs-
ortes. Aus der Zeit des Aischylos ist ein
erster Bühnenbildner, ein "Skenograph",
namens Agatharchos bezeugt. Reicher und
realistischer wurde dann die Bühnenmalerei
zur Zeit des Sophokles. Verwendet wurden
nun auch – wie zahlreiche Vasenbilder
bezeugen – plastisch gebaute Möbel und
Requisiten, Streit- und Prunkwagen.
Euripides soll bereits über ein Skene-Gebäude
verfügt haben. Dieses Grundgerüst konnte
ganz oder teilweise mit Dekorationselementen
verkleidet werden, die Felsen, Zelte,
Tempel-, Hütten- oder Häuserfronten
andeuteten. Die stärkere Betonung der
dekorativen Elemente im Theater des zu Ende
gehenden 5. Jahrhunderts schreibt man nicht
zuletzt dem Umstand zu, dass Euripides Maler
war, bevor er Theaterschaffender wurde.

Publikum

Kaum in einer andern Kulturepoche war das
Theater so sehr ein Kunstwerk der
Gesellschaft, der Gemeinschaft wie im antiken
Griechenland. Die Menschen, die sich zum
Theaterbesuch einfanden, waren nicht bloss
Zuschauer, sondern Teilhaber im
buchstäblichen Sinn. Man hat das Publikum
zumindest zur Zeit der ursprünglichen Phase
als aktiven Partner der kultisch-theatralen
Feier anzusehen. Es wurde durch deren
Erlebnis in die Götter- und Heldenwelt
eingebunden und ermächtigt, die grossen
mythologischen Zusammenhänge zu erkennen.
Mit dem Aufkommen und Fortschreiten
"aufklärerischer" Tendenzen löste sich diese
ursprüngliche Einheit von Bühnengeschehen
und Aufnahme durch das Publikum nach und
nach auf. Die Zuschauer wurden mehr und
mehr zu kritischen Theatergeniessern.

Athener Bürger hatten für den Theaterbesuch
je nach Epoche einen geringen oder keinen
Eintritt zu bezahlen. In der hellenistischen
Epoche mussten sich die Zuschauer um eine
Gratismünze bemühen, welche ihnen den
Sitzbereich im Theater zuwies.

Antikes Rom: Rundgang

In der Mitte des Raumes sehen Sie typische Modelle eines griechisch-hellenistischen und eines römischen Theaters; das hellenistische Theater in Epidauros stammt aus dem späten 4. Jahrhundert v. Chr., das römische in Orange aus dem 1. Jahrhundert n. Chr. *(siehe Fotografien auf den Seiten 69 und 70).*

Ein Vergleich der beiden Theatertypen macht ihre Unterschiede deutlich: die Orchestra und der Zuschauerraum wurden von den Römern auf einen Halbkreis reduziert; die Griechen hatten den Zuschauerraum über den Halbkreis hinausgezogen, und die Orchestra war kreisförmig. Das Skene-Gebäude, wo die Schauspieler sich umkleideten und Requisiten aufbewahrt wurden, wies im römischen Theater eine direkte bauliche Verbindung zum Zuschauerraum auf. Im griechischen Theater fehlte diese; zwischen Skene und Zuschauerraum führten die beiden Hauptzugänge in die Orchestra. Die Römer versahen die Bühnenrückwand, die *scaenae frons*, mit figürlichem Schmuck und gestalteten diese architektonisch viel reicher aus, als es im griechischen Theater geschehen war. Die *scaenae frons* wurde ein bleibender Bestandteil des Theatergebäudes und war nicht mehr – wie bis zum Beginn des 1. Jahrhunderts n. Chr. – eine provisorische Hintergrundwand, die für die Aufführungen errichtet und dann wieder demontiert wurde.

Sie finden an der Wand rechts vom Durchgang zum nächsten Raum weitere Informationen und Illustrationen zum griechisch-hellenistischen Theaterbau, ebenso zum römischen.

Zwei Abbildungen machen den Unterschied zwischen der Skene des hellenistischen und jener des römischen Theater besonders deutlich, die Rekonstruktionszeichnung des Theaters von Priene (Kleinasien) und die Fotografie des römischen Theaters aus der Kaiserzeit im nordafrikanischen Sabratha: die Skene im späthellenistischen Theater von Priene ist nicht mit dem Zuschauerraum verbunden und weist keine reiche architektonische Gliederung auf; beides trifft jedoch für jene des römischen Theaters von Sabratha zu.

Die kostspielige Ausstattung der römischen Theater sollte den Reichtum und die Macht des Stifters oder der Stadt repräsentieren. Besonders prunkvoll wurden die Theater unter den römischen Kaisern ausgestattet, welche die Aufführungen finanzierten und das Publikum in den Pausen kostenlos verpflegen liessen. Theaterruinen aus römischer Zeit werden noch heute für Aufführungen verwendet. Eine Fotografie des römischen Theaters in Kaiseraugst, das zur Zeit der Römer *Augusta Raurica* hiess, sowie Fotos zu zwei Aufführungen antiker Stücke in diesem Theater dokumentieren Beispiele aus der Schweiz.

Es folgen Abbildungen zu römischen Spielstätten, welche nur entfernt mit Theater zu tun hatten: als Beispiel für eine Rennbahn sehen Sie den Circus Maximus in Rom dargestellt und als Beispiel für eine Arena das Colosseum.

Wenden Sie sich im Uhrzeigersinn der nächsten Wand zu. Im römischen Theaterwesen gab es einen Hang zur Äusserlichkeit und zum Sensationellen. Hiervon zeugen Mosaike, welche Gladiatoren darstellen. Sie kämpften untereinander oder gegen wilde Tiere um ihr Leben.

In der Gegend um Neapel entstanden schon im 3. Jahrhundert v. Chr. die Atellanen, bei denen es sich um Stegreif-Maskenspiele und drastische Volkspossen handelte. Später wurden sie auch in Rom aufgeführt und zur literarischen Gattung erhoben. Sie sehen die Szene aus einer Atellane auf einem Vasenbild des 2. Jh. v. Chr.: Xanthias steht neben einer Herkules-Statuette.

Besondere Bedeutung im römischen Theaterwesen hatte auch der Mimus, den man im Unterschied zur Atellane ohne Masken spielte. Er genoss grosse Popularität, da man bei den derben, oft sexual-komischen Szenen den Geschmack eines breiten Publikums traf. Als Illustration dieser Gattung sehen Sie ein pompejianisches Mosaik mit tanzenden Mimen.

Auf der nächsten Wand folgen Texte und Illustrationen zur sozialen Stellung der römischen Schauspieler. Im Unterschied zu Griechenland, wo der Schauspieler-Beruf sehr angesehen war, standen die Darsteller bei den Römern auf der untersten sozialen Stufe. Meistens handelte es sich um Sklaven, die von ihrem Besitzer ausgebildet und an den meistbietenden Theaterleiter für teures Geld vermietet wurden. Wenn sie an diesem Gewinn beteiligt wurden, war es ihnen gelegentlich möglich, sich nach einer gewissen Zeit freizukaufen. Bis 100 v. Chr. waren ihre Auftrittsgelder sehr bescheiden; erst später erreichten sie ein höheres Einkommen.

Sie sehen ein Wandbild aus Herculaneum mit einem tragischen Schauspieler, der nach beendetem Spiel seine Maske abgelegt hat. Als weitere Illustrationen folgen Wandbilder aus Pompeij.

Der Tanz spielte auch bei den Römern am Anfang im kultischen Geschehen eine grosse Rolle. Erst in der Kaiserzeit setzte er sich auf der Bühne durch und erreichte seine grösste Beliebtheit in spätrömischer Zeit während der Hochblüte der Pantomime, die einzig durch Gestik und Mimik eine Handlung darstellte. Als Illustration dazu sehen Sie auf einer Fotografie eines Grabreliefs die Darstellung einer tänzerischen Pose.

Die Maske, ein wichtiges Requisit für die Aufführungen, wurde nicht mehr einheitlich wie im griechischen Drama verwendet. Je nach Gattung oder sogar je nach Autor wurde die Maske gebraucht, oder es wurde ohne sie gespielt. Das frühe römische Drama spielte man am Anfang des 2. Jahrhunderts in Schminkmasken, so zum Beispiel die Komödien des Plautus. In der Folgezeit wurden in Komödie und Tragödie Deckmasken verwendet. Bei der Gestaltung dienten dabei die griechischen Masken als Vorbild; um aber ihre Wirkung auf die weiter entfernt sitzenden Zuschauer zu erhöhen, wurde die gesamte Gesichtsfläche,

Modell im Massstab 1 : 100 des hellenistischen Theaters von Epidauros (Ende 4. Jh. v. Chr.); Rekonstruktion von Lisbeth Sachs (1942)

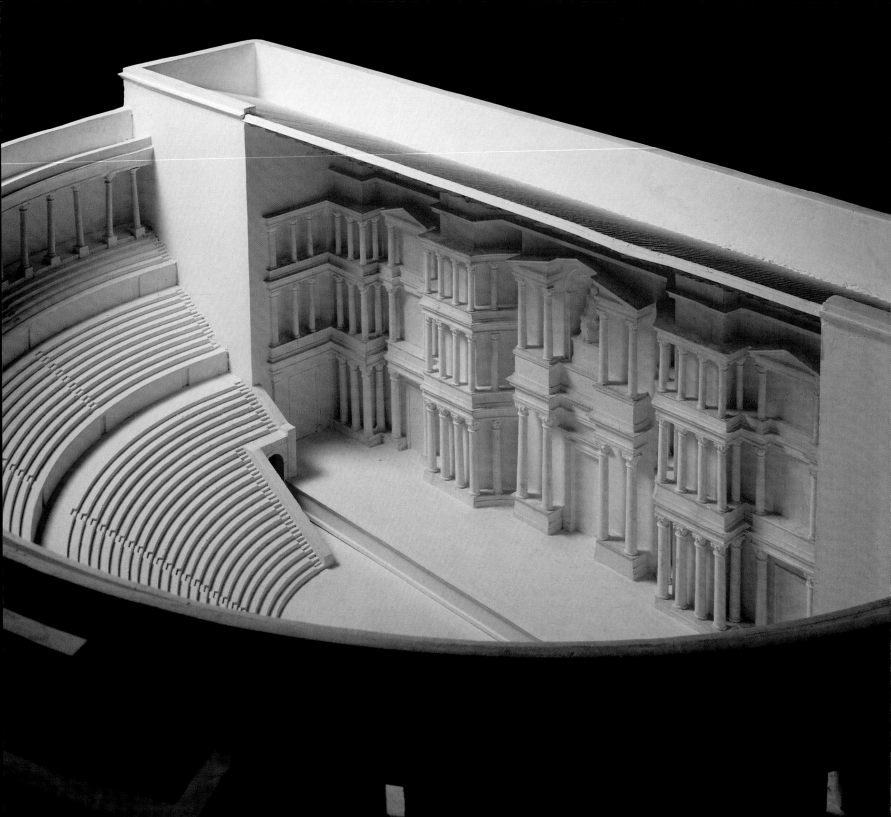

besonders Mund- und Stirnpartien, vergrössert. In der Atellane trugen die Schauspieler grotesk verformte Charaktermasken, die dem jeweils dargestellten Rollentypus entsprachen. Sie sehen dazu verschiedene Fotografien.

Weitere Informationen zum römischen Theater sind im Präsentationsmedium enthalten. Im römischen Theater wurde der Vorhang zum Schliessen der Bühne aus einer Rinne am vorderen Bühnenrand gezogen. Dementsprechend finden Sie auf fünf verschiedenen Vorhängen Hinweise zu je zwei Aspekten des römischen Theaterwesens. Je nach dem von Ihnen gewünschten Thema können Sie einen Vorhang am entsprechenden Seil hochziehen.

Modell im Massstab 1 : 100 des römischen Theaters von Orange (1. Jh. n. Chr.); Rekonstruktion von Lisbeth Sachs (1942)

Der römische Bühnenvorhang: aus einer Rinne hochgezogen

Die römischen Theater besassen – weil die Zahl der Schauspieler nicht mehr wie bei den Griechen auf drei beschränkt war – eine tiefere Bühne, welche vorne mit einem Vorhang abgeschlossen werden konnte. Diesen zog man aus einer Rinne an der vorderen Bühnenkante zum Schliessen hoch und liess ihn zum Öffnen wieder in die Rinne fallen. Ausserdem gab es einen Vorhang zum Abdecken der Bühnenrückwand («scaenae frons» = Szenenfront). Dieser Vorhang diente der Darbietung von Zwischenspielen. Die römischen Bühnen verfügten auch über Versenkungen, welche namentlich Göttererscheinungen ermöglichten.

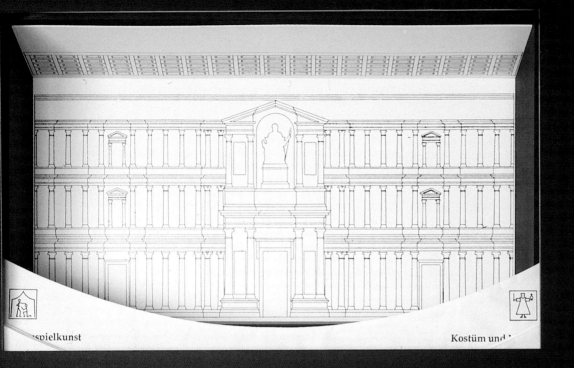

...spielkunst

Kostüm und ...

Der römische Bühnenvorhang: aus einer Rinne hochgezogen

Die römischen Theater besassen
– weil die Zahl der Schauspieler
nicht mehr wie bei den Griechen
auf drei beschränkt war – eine
tiefere Bühne, welche vorne mit
einem Vorhang abgeschlossen
werden konnte. Diesen zog man

aus einer Rinne an der vorderen
Bühnenkante zum Schliessen
hoch und liess ihn zum Öffnen
wieder in die Rinne fallen.

Ausserdem gab es einen Vorhang zum Abdecken der Bühnen

rückwand ("scaenae frons" = Szenenfront). Dieser Vorhang diente der Darbietung von Zwischenspielen. Die römischen Bühnen
verfügten auch über Versenkungen, welche namentlich Göttererscheinungen ermöglichten.

Auf fünf Vorhängen
finden Sie Hinweise zu je zwei
Aspekten des römischen
Theaterwesens.

Wählen Sie ein Seil und
ziehen Sie damit einen
Vorhang ganz hoch!

(Zum Absenken das Seil
von unten nach oben bewegen!)

Auf fünf Vorhängen finden Sie
Hinweise zu je zwei Aspekten
des römischen Theaterwesens.

Wählen Sie ein Seil und ziehen Sie damit
einen Vorhang ganz hoch!

(Zum Absenken das Seil
von unten nach oben bewegen!)

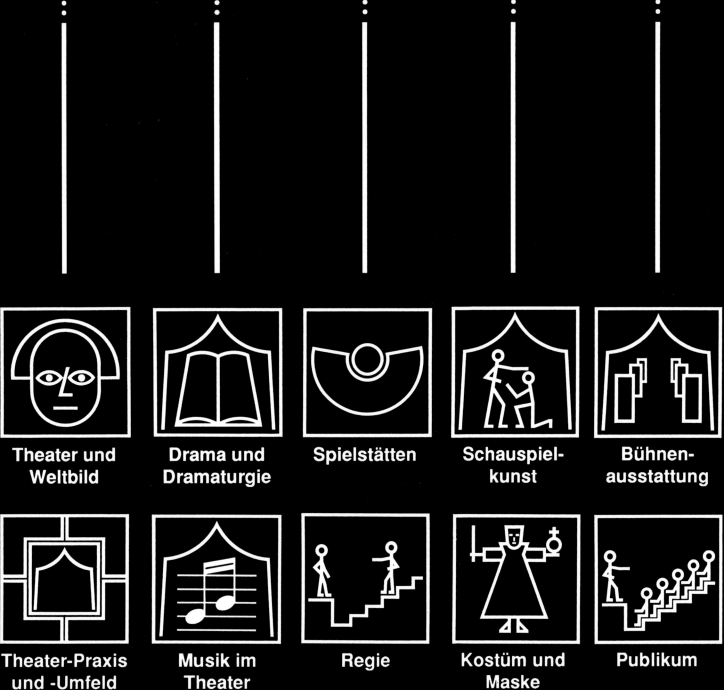

Theater und Weltbild

Drama und Dramaturgie

Spielstätten

Schauspielkunst

Bühnenausstattung

Theater-Praxis und -Umfeld

Musik im Theater

Regie

Kostüm und Maske

Publikum

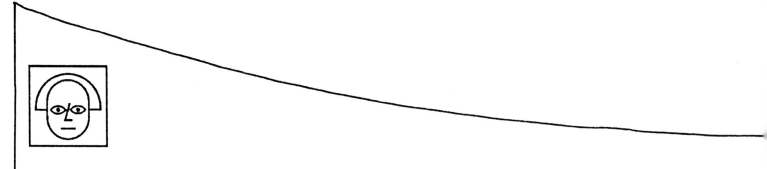

Aufgaben des Theaters im antiken Rom

Der römische Bürger ordnete sich diszipliniert und obrigkeitsgläubig den imperialistischen Zielen von Staat und Militär unter; er tat dies umso lieber, wenn es staatlich verordneten religiösen und kulturellen Ausgleich gab. Damit unterschied sich der Römer vom Griechen, dem individuelle Freiheit und persönliche Entfaltung zentrale Werte waren. Als erste den genannten Ausgleich bringende Feste wurden ab 387 v. Chr. die *ludi romani* (= römische Spiele) installiert. Sie dienten der innerstaatlichen Ruhe, aber auch der Verherrlichung der aufblühenden Hauptstadt, der *urbs romana* (= Stadt Rom), sowie gewiss auch der Verehrung der drei Hauptgötter Roms: *Jupiter* (Zeus), *Juno* (Hera) und *Minerva* (Athene). Im Rahmen der *ludi romani* gab es 364 v. Chr. ersmals *ludi scaenici* (= szenische Spiele) : eine Truppe aus Etrurien trug Tänze und Gesänge mit Flötenspiel und Beschwörung der Götter vor. Dass es sich zunächst nicht um Römer handelte, welche Theater spielten, ist typisch. Das hohe staatspolitische Niveau der Römer erwies sich u.a. darin, dass sie dem Besiegten die Chance gaben, seine Talente zu entfalten. So machten sie sich auch die griechische Kultur und Religion zu eigen. Der erste bedeutende Dramatiker Roms beispielsweise, *Livius Andronicus,* war ein als Sklave nach Rom gebrachter Grieche, der vom Hauslehrer zum hohen, für das Bildungswesen verantwortlichen Beamten aufstieg.

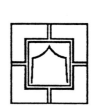

Theater-Praxis und Theater-Umfeld

Zu den theatralen Lustbarkeiten der römischen Welt zählten nicht bloss die nach griechischem Vorbild aufgeführten Tragödien und Komödien. Gladia-torenkämpfe auf Leben und Tod, Kämpfe zwischen Menschen und wilden Tieren gehörten ebenso dazu wie Darbietungen von *Akrobaten* und *Gauklern, Mimen* und*Pantomimen.* Man kann also durchaus an *Variété* und *Zirkus ("circenses")* denken. Ausser dem Bau- und Polizeiwesen hatten die vier ranghöchsten Beam-ten der Republik, die *Aedilen,* auch die Ausrichtung offizieller Feste und der Circenses zu betreuen (vom 4. vorchristlichen Jahrhundert an). Neben den *ludi romani* gab es im römischen Kalender eine Reihe anderer Feste, die im Laufe der Zeit mit dem Wachsen der römischen Weltmacht stets reicher ausgerichtet wur-den. Finanzieller Träger in republikanischer Zeit war in der Regel der Staat. Etwaige Defizite hatten die Spielausrichter persönlich zu berappen. Später finanzierten die Kaiser die theatralen Veranstaltungen. Diese liessen -wie zuvor die *Aedilen* - die Inszenierungen nicht nur prunkvoll ausstatten, sondern auch das Publikum in den Pausen gratis verpflegen, wofür sie bei ihren Auftritten in den Zuschauerräumen oft Beifallsovationen ernteten. Waren es gegen Ende der Republik (um 31. v. Chr.) pro Jahr insgesamt 77 offizielle Spiel-tage, von denen 55 für szenische Aufführungen vorgesehen waren, so gab es ab 325 n. Chr. bereits deren 175, wovon an 101 Tagen Theater-Aufführungen stattfanden.

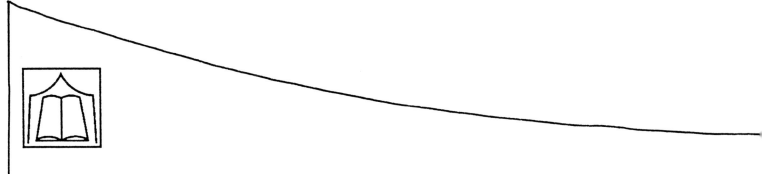

Altrömische Dramatiker

In Rom war es üblich, griechische Vorlagen von Tragödien und Komödien zu übersetzen und zu bearbeiten; als erster tat dies *Livius Andronicus*. Zu den *ludi romani* des Jahres 240 v. Chr. führte man je eine seiner Tragödien und Komödien auf, wobei er - getreu dem griechischen Vorbild - als Regisseur, Schauspieler und Sänger mitwirkte. Fünf Jahre später folgte der junge Römer *Gnaeus Naevius* seinem Beispiel. Als ebenso bedeutender Bearbeiter griechischer Vorlagen gilt ein römischer Dramatiker der nächsten Generation: *Quintus Ennius*. Der Philosoph und Politiker *Lucius Annaeus Seneca* (4 v. Chr. - 65 n. Chr.), der die Stoffe für seine Tragödien dem griechischen Mythos entnahm, schuf literarische Kunstwerke, die nicht für die Bühne bestimmt waren.

Bis heute erhaltene Werke von Weltgeltung schufen die römischen Komödiendichter *Titus Maccius Plautus* (254 - 184 v. Chr.) und *Publius Terentius Afer* (Terenz, 190 - 159 v. Chr.). Beide griffen auf die trefflichen Charakterkomödien des hellenistischen Dramatikers *Menander* zurück, entnahmen diesen einzelne effektvolle Motive und Handlungsstränge und setzten sie zu neuen Werken zusammen; dabei wirkte sich bei Plautus seine Erfahrung als versierter Schauspieler zweifellos positiv aus. Hatte er dem Volk auf das Maul geschaut und seine Situationskomik im wesentlichen aus dem Gegensatz von arm und reich entwickelt, so war Terenz eher bestrebt, den gepflegten Unterhaltungston der römischen Aristokratie nachzuahmen und zu geisseln.

Rolle der Musik

Bei den *ludi romani* spielte seit deren Bestehen die Musik eine wesentliche Rolle. Bei der Inszenierung der Tragödien und der Komödien ging man vom griechischen Vorbild aus: *Flöten-* und *Leiermusik* als Begleitung der Chorlieder ist daher wahrscheinlich; nachgewiesen werden kann dies in bezug auf eine frühe Form der römischen Komödie, der sogenannten *palliata,* in welcher die Schauspieler Sequenzen vortrugen, die entweder gesungen oder im Sprechgesang präsentiert wurden. Man nannte diese Sequenzen *cantica,* welche von Flötenklängen begleitet wurden. Auf diese Weise setzte später *Plautus* Musik in seinen Komödien ein.

Durch Flötenspiel und Gesang gestaltete man auch Zwischenakte. Ganz im Zentrum stand die Musik sodann bei der sehr verbreiteten Pantomimenkultur der Römer: auch hier gab es eine Art *cantica,* die man als mimische Monologe bezeichnen könnte und die entweder von der Flöte, einem ganzen Orchester oder einem unisono singenden gemischten Chor begleitet wurden. Die Melodien unterstrichen den Tanzrhythmus der Pantomimen.

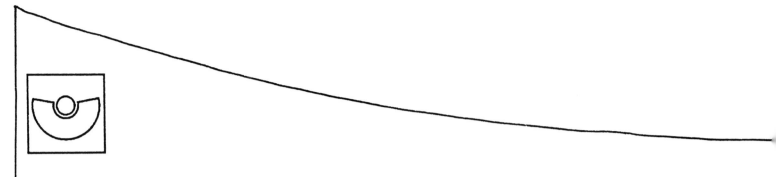

Spielstätten

Was den baulichen Unter- und Hintergrund des Theaterspiels anging, gaben sich die Römer anfänglich sehr bescheiden. Noch bis in die Mitte des zweiten Jahrhunderts v. Chr. bestand die Bühne aus einem rechteckigen, ungefähr einen Meter hohen Bretterpodium. Dieses war durch seitliche Treppen betretbar und durch einen schmucklosen Vorhang nach hinten abgeschlossen. Das Publikum umstand im Halbkreis das Spielpodium, weil nämlich das Sitzen noch bis ungefähr 150 v. Chr. verboten war. Erst allmählich kamen die Römer von ihren provisorischen Spielstätten ab und errichteten Holzbauten in Anlehnung an den hellenistischen Theatertyp. Etwa um 50 v. Chr. entstand der klassisch-römische Theaterbau aus Stein, wie er in gut erhaltenen Ruinen in Rom, Süditalien, Kleinasien, Nordafrika, und z.B. in Orange (Südfrankreich) oder in Augst bei Basel zu bewundern ist.

Theaterleiter/Regisseur

Im römischen Reich veranstalteten und bezahlten höchste Beamte, später dann die Kaiser selber Theaterfeste. Sie engagierten einen Theaterdirektor (*"dominus gregis"* = Herr der Herde), der die Stückauswahl besorgte oder von einem Dramatiker ein Stück zur Aufführung ankaufte, dieses dann mit seiner Truppe (*"caterva"*) - in der Regel unter seiner eigenen Regie und mit sich selbst als Hauptdarsteller - realisierte. Der Konkurrenzkampf unter den Theaterdirektoren und damit unter den Truppen war sehr hart: oft entschieden sich die Veranstalter erst aufgrund von Probeaufführungen für die Produktion des einen oder des anderen Prinzipals. Dieser erhielt für die Inszenierung ein Pauschalhonorar, und seine Auslagen für den Ankauf eines neuen Theaterstückes wurden ihm nur dann zurückerstattet, wenn die Aufführung beim Publikum ankam. Dies führte zu Konzessionen an den Publikumsgeschmack bei Stückwahl und Inszenierung. Dessen ungeachtet hatte der Theaterleiter/Regisseur hohen theaterhandwerklichen Ansprüchen zu genügen, wenn er im Geschäft bleiben wollte. Er musste in der Lage sein, Texte auf ihre theatralische Eignung und ihre Wirkung beim Publikum unfehlbar zu beurteilen; er musste eine Nase für Talent und Leistungsfähigkeit von Schauspielern haben; er musste die Rollen stückgerecht und effektsicher besetzen können; und schliesslich musste es ihm als Regisseur gelingen, alle Beteiligten einer Inszenierung zu Höchstleistungen zu animieren.

Schauspielkunst

Geht man von der unerbittlichen Konkurrenzsituation unter den Darstellern aus, so darf man fraglos auf einen Professionalismus mit hohem handwerklichem Niveau schliessen. An die Schauspieler wurden mimisch und gestisch, mehr aber noch - bis zur starken Verbreitung der Pantomime - rhetorisch grösste Ansprüche gestellt. Die römischen Darsteller, die man im Unterschied zu den griechischen in einem Stück nur mit *einer* Rolle besetzte, hatten sich an strenge mimische und gestische Konventionen zu halten: bestimmte Gesten besassen eine für die Zuschauer klar verständliche, eindeutige Aussage. In jenen Theatergattungen, welche man ohne Maske spielte, galt Ähnliches für das Mienenspiel der Darsteller. Zur rhetorischen Ausbildung der Akteure gehörte wesentlich das Fach 'Stimmbildung', sah man doch in der Rollencharakterisierung durch Stimm-Modulation ein zentrales darstellerisches Moment. Ganz abgesehen davon, mussten römische Schauspieler auch singen können. Von grosser dramatischer Bedeutung war für die Römer auch die Möglichkeit, durch die Art des Sprechens die soziale Zugehörigkeit einer Rollenfigur erkennbar zu machen; auch hierin wurden von den Schauspielern Spitzenleistungen verlangt.

Kostüm und Maske

Die Römer legten Wert auf eine rollenspezifische Herstellung der Masken, die mitunter zwei verschieden geformte Hälften aufwiesen, welche gegensätzliche Affekte charakterisierten, so dass der Darsteller - je nach Situation - dem Publikum die eine oder die andere Hälfte zuwenden konnte. Im römischen Theater besass das Kostüm grosse Bedeutung. Während dieses in republikanischer Zeit meist einfarbig gehalten war, höchstens mit einer anderen Stoffarbe besäumt wurde, kamen in der Kaiserzeit bunte geometrische Muster auf. Wie bei den Griechen hatte das römische Kostüm eine 'sprechende' Bedeutung im Sinne der Rolle. Aehnliches galt für Perücken und andere Requisiten. So traten Betrübte in vernachlässigter Kleidung auf; Sklaven trugen speziell kurze Kleider. Farben besassen Symbolwert: weiss war das Zeichen für Freude, rot jenes für Reichtum; dunkle Farben charakterisierten Armut. Hetären trugen gelbe und Kuppler auffallend bunte Kostüme.

Bühnenausstattung

In den Anfängen des römischen Theaters verwendete man als Hintergrund des Spielgeschehens ein Stoffsegel oder eine Bretterwand. Erst um die Mitte des zweiten Jahrhunderts vor Chr. errichtete man für die Theaterfeste Bauten aus Holz und riss diese nach den *ludi* regelmässig wieder ab. Diese Häuser besassen eine den späteren Steintheatern schon sehr ähnliche Struktur, also auch eine mit Säulen, Skulpturen, drei Toren, Blindfenstern und anderen Architekturelementen ausgestattete Szenenfront (*"scaenae frons"*), welche als ständiger monumentaler Hintergrund für das Spiel diente.

Dass im alt-römischen Theater auch gemalte Ausstattungselemente gebraucht wurden, steht ausser Frage. Problematisch ist aber das Rekonstruieren ihrer Zuordnung zur *scaenae frons*, die im Laufe der Zeit immer reicher gestaltet wurde. Wie indes bedeutende römische Schriftsteller bezeugen, kannte man zweiteilige, auf Holztafeln aufgemalte Rückprospekte, welche - beidseitig weggezogen - den Blick auf einen dahinter angeordneten Prospekt oder die *scaenae frons* freigaben. Eine weitere Form szenischer Verwandlung boten (wie bereits auf der hellenistischen Bühne) die Periakten, dreiseitige, auf eine ihrer Dreiecksflächen gestellte und drehbare Prismen.

Publikum

Die römischen Theaterveranstaltungen waren vor allem ein Werkzeug der Politik: sie dienten den Machthabern, welche sie veranstalteten dazu, die Gunst der Bürger zu gewinnen. Man machte jede Konzession an den Publikumsgeschmack. Die Aufführungen im römischen Weltreich besuchten Zuschauer aller Schichten, beiderlei Geschlechts, Herren und Sklaven, römische Bürger und Angehörige besetzter Völker. Längst vor den Theaterfesten verteilten die Platzanweiser (*"designatores"*) in allen Teilen der betreffenden Stadt unentgeltliche Sitzmarken (*"tesserae"*). Ausserdem betrieben die Theaterdirektoren regelrechte Öffentlichkeitsarbeit und lockten die Besucher insbesondere mit bekannten Darstellernamen. Die Prinzipale stellten Agenten (*"divisores"*) an, welche mit Geldspenden Claqueure (*"favorites"*) zu gewinnen hatten. Die *favorites*, geschickt im Zuschauerraum verteilt, entschieden nicht selten über den Publikumserfolg der eigenen, bzw. über den Misserfolg fremder Theaterproduktionen. Das römische Publikum war, was Prunk und Sensationen anging, unersättlich; ihm diesbezüglich stets aufwendiger entgegenzukommen, war grundlegende Voraussetzung für einen Erfolg.

Mittelalter

Mittelalter: Rundgang

 Das Präsentationsmedium zum Mittelalter, eine Klosterhandschrift auf einem Holzständer, weist darauf hin, dass das Kulturgut im Mittelalter durch Handschriften überliefert wurde. Die Kirche stellte das Geschehen der Bibel sinnbildlich dar u.a. auch in Dramenform, um dem breiten Publikum, das damals zum grössten Teil weder lesen noch schreiben konnte, auf augenfällige Weise die Glaubenswahrheiten vermitteln zu können.

Sie sehen dazu – links vom Ständer mit der Klosterhandschrift – ein grosses Foto des «Jüngsten Gerichtes» über dem Hauptportal des Berner Münsters. Sehr realistisch werden Lohn und Strafe im Jenseits für das Handeln im irdischen Leben dargestellt. Wenn Sie sich wieder nach rechts wenden, kommen Darstellungen des Grabbesuches der drei Marien in Ihr Blickfeld. Am Ende des 9. Jahrhunderts wurden lateinische Prosatexte in die Ostermesse eingefügt. Der St. Galler Mönch Tutilo ging, ebenfalls im 9. Jahrhundert, einen Schritt weiter, indem er die Sequenzen durch zwei Geistliche im Wechselgesang vortragen liess. Ein erstes dramatisches Geschehen ergab sich dadurch, dass im Laufe des 10. Jahrhunderts Mönche aus St. Gallen, Limoges und Winchester gespielte Szenen in die Oster- und Weihnachtsliturgie einfügten, die im Wechselgesang aufgeführt wurden. Im letzten Teil der Ostermesse besuchten die drei Marien am Ostermorgen das Grab des Gekreuzigten und erfuhren, dass Christus auferstanden sei. Sie sehen dazu an der nächsten Wand eine Titelminiatur aus dem Benedictionale des heiligen Aethelwold.

Die einzelnen Personen, auch die Frauen, wurden von Priestern gespielt, wobei sich diese aber nicht mit den dargestellten Figuren identifizierten. Für sie war das Geschehen eine kultische Handlung, um Gott zu dienen. Sie bedeuteten nur die dargestellten Figuren, liehen ihnen Gestalt, um den Gläubigen das Heilsgeschehen nahe zu bringen.

Im Laufe des 12. Jahrhunderts wurden diese Szenen dichterisch immer reicher gestaltet; der liturgische Gesang trat dabei zurück und die dargestellten Personen führten eigenständige Dialoge. Mit der Freude am Spiel trat nun auch das Element des «Komischen» auf: die drei Marien benachrichtigen die Jünger, die «um die Wette» zum leeren Grab laufen. Sie sehen als Illustration dazu die Abbildung einer Miniatur aus einer Regensburger Klosterhandschrift des 12. Jahrhunderts. Um 1100 entstand die «Salbenkrämer-Szene», die Ansätze zum Weltlichen bot. Auf dem Weg zum Grab kaufen die drei Marien Spezereien ein, um den Leichnam Christi zu salben. Dabei ergibt sich ein Gespräch mit dem Apotheker. Sie sehen den Salbenkrämer dargestellt auf einer Steinplastik des Münsters in Konstanz.

Am Anfang fanden die liturgischen Feiern nur in der Kirche statt, mit der Zeit wurde aber für Prozessionen und religiöse Spiele auch der Kirchenvorplatz miteinbezogen. Zur Veranschaulichung des biblischen Geschehens trugen Elemente aus der bildenden Kunst und der Musik bei. Sie sehen dazu die Abbildung einer Holzfigur aus dem Schweizerischen Landesmuseum. In der Palmsonntagsprozession zog man anstelle eines Priesters, der Christus darstellt und auf einem Esel reitet, eine auf Rädern montierte Holzskulptur in die Kirche.

Im 14. Jahrhundert wurde die Entwicklung vom liturgischen Drama im Gottesdienst zum weltlichen Schauspiel immer deutlicher. Die Spiele fanden nun auf dem Marktplatz statt. Nicht mehr nur Priester, sondern religiöse Bruderschaften aus bürgerlichen Kreisen, Zünfte und weltliche Körperschaften spielten bei den Aufführungen mit. Die Spieldauer betrug oft mehrere Tage. Zur Koordination und zur Überwachung des komplizierten Spielverlaufs wurde nun ein Regisseur, der *Regens*, eingesetzt, der während der Aufführung den Darstellern mit einem Stab Zeichen und Stichworte für ihre Einsätze gab. Beim liturgischen Drama in der Kirche hatte es genügt, wenn die Priester sich untereinander absprachen. Die Schauspieler trugen zur Darstellung der biblischen Geschichte von Messgewändern abgewandelte Kostüme. Für weltliche Würdenträger, Volk und Kriegsknechte wurde die zeitgenössische Tracht verwendet.

Für diese aufwendigen Passions- und Mysterienspiele war auch die Aufführungsstätte entsprechend zu gestalten. Da das Spielgeschehen an verschiedenen Stationen stattfand, mussten diese vorher auf der Simultanbühne aufgebaut werden: zahlreiche Stellen des Marktplatzes oder der Bühne wurden zu bestimmten, durch Dekoration angedeuteten Spielorten. Sie sehen die Darstellung der Passionsspiel-Bühne von Valenciennes. Die einzelnen Stationen sind auf der Bühnenfront nebeneinander angeordnet.

Im mittelalterlichen Theater entwickelte sich auch eine volkstümlich-weltliche Richtung, an deren Ursprung die Spielleute, *Joculatores,* und Gaukler standen, die meist als Alleinunterhalter auftraten. Die Kirchenväter hatten das antike Theater wegen der darin zur Darstellung gelangenden religiösen Spottszenen abgelehnt; daher konnte sich von der römischen Unterhaltungskunst nur das Kleinkunstwesen ins Mittelalter hinüberretten. Als typisches Beispiel dieses volksnahen weltlichen Theaters ist links vom Durchgang, durch welchen Sie diesen Raum zuerst betreten haben, eine «Charivari»-Szene abgebildet; in dieser bringen Narren heiratslustigen Witwen ein lärmendes Ständchen.

Als Beispiel für die Verteilung der Spielorte auf einem Marktplatz sehen Sie das Modell des Luzerner Osterspiels von 1583 auf dem heutigen Weinmarkt *(siehe nebenstehende Fotografie)*. Die einzelnen Spielorte waren deutlich erkennbar, wie z.B. der Höllenrachen links neben der Zuschauerbühne; die Schauspieler suchten je nach Szene und nach Anweisung des Regisseurs den entsprechenden Spielort auf. An der Wand hinter diesem Modell (über dem Radiator) finden Sie Pläne der beiden Spieltage des Luzerner Osterspiels von 1583.

Weitere Informationen zum mittelalterlichen Theater finden Sie in der erwähnten Klosterhandschrift auf den entsprechenden Buchseiten.

Modell im Massstab 1 : 50 der Spielanlage für das Osterspiel von Luzern von 1583 (Erster Tag); Rekonstruktion von August am Rhyn (1929)

Klosterhandschriften
als Mittel der Überlieferung

Zahlreiche mittelalterliche Spieltexte sind uns in Klosterhand-
schriften überliefert worden. Ein berühmtes Beispiel dafür ist das
Osterspiel von Muri AG (um 1250), das als erstes erhaltenes
Schauspiel in deutscher Sprache gilt.

War der Kirchenraum zunaechst Auffuehrungsstaette, so oeffneten sich die Kirchentore bereits im 12. Jahrhundert fuer Prozessionen und fuer religioese Spiele (z.B. "Jeu d'Adam" in Frankreich) auf dem Kirchenvorplatz. Spielstaette der grossen Kirchenspiele wird indes meist der Marktplatz. Die zahlreichen Stationen der biblischen Geschichte und der Vita Jesu, welchen die Szeneneinteilung des mittelalterlichen Dramas entsprach, bedingten einen haeufigen Szenenwechsel. Da es wenig buehnentechnische Verwandlungsmoeglichkeiten gab, kam man auf die Idee der Simultanbuehne (Mehrortbuehne). Die Orte des Geschehens wurden nicht hintereinander, sondern nebeneinander mit einfachen, aber plastisch gebauten Dekorationsstuecken angedeutet.

Je aufwendiger und umfangreicher die Passions- und Mysterienspiele wurden, desto notwendiger wurde die Organisation und Strukturierung ihrer Durchfuehrung. Leiteten urspruenglich Absprachen unter den vollspielenden Klerikern, so war bei den Marktplatzspielen eine Spielleitung unumgaenglich. Fuer das Publikum sichtbar - aehnlich dem heute ueblichen Orchester-Dirigenten - gab der Spielleiter, der Regens, waehrend der Auffuehrung den Darstellern Zeichen und Stichworte fuer ihre Einsaetze. Hierzu diente ihm die Dirigierrolle, auf welcher der Dramentext nur stichwortweise notiert und Einsaetze deutlich hervorgehoben waren. Angesichts der recht komplizierten Spielablaeufe, die ja grossteils von Laiendarstellern getragen wurden, mussten vor den Auffuehrungen zahlreiche Proben stattfinden.

In der «Klosterhandschrift»
finden Sie Bemerkungen
zu folgenden Rubriken:

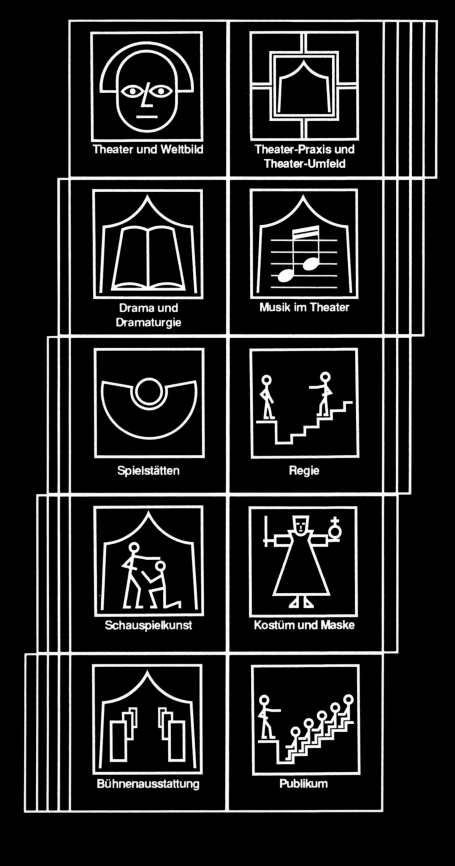

Theater und Weltbild

Theater-Praxis und
Theater-Umfeld

Drama und
Dramaturgie

Musik im Theater

Spielstätten

Regie

Schauspielkunst

Kostüm und Maske

Bühnenausstattung

Publikum

Neubeginn des Theaters im Mittelalter

Nach dem Zerfall des roemischen Weltreiches wurde szenisches Spiel nur noch von einzelnen Spassmachern (joculatores) geuebt, waehrend im Osten (Byzanz) die Tradition, von den Kirchenvaetern heftig bekaempft, noch laenger nachwirkte.

Im Westen wurde das Theaterspiel um die erste Jahrtausendwende ein zweites Mal geboren. Wieder stand Kultisches am Anfang: im Lauf des 10. Jahrhunderts gliederten Moenche aus Kloestern in St. Gallen, Limoges (Frankreich) und Winchester (England) in die oesterliche, bzw. weihnachtliche Messe eine gespielte Szene ein. Zu Ostern stellte sie den Besuch der Marien am Felsengrab Christi dar, zu Weihnachten den Auftritt von Frauen als Geburtshelferinnen der Jungfrau Maria. Diese Kernszenen wurden nach und nach erweitert. Hier gibt es Schweizer Beispiele aus Sitten, Einsiedeln, Muri und Zuerich. Mit den Erweiterungen, die nicht nur in Kirchen, sondern auch auf Marktplaetzen gespielt wurden, war es dann moeglich, dem Volk, das weder lesen noch schreiben konnte, das Heils- und Passionsgeschehen auf anschauliche und unterhaltende Weise vor Augen zu fuehren. Dabei fanden zunehmend auch weltliche und derb-komische Szenen Eingang in die nicht selten mehrere Tage dauernden Auffuehrungen.

Theaterpraxis und Theater-Umfeld

Traeger des Theaterwesens waren lange Zeit kirchliche Instanzen, die in ihm vor allem ein erzieherisches Instrument sahen. Zunaechst figurierten Priester als Darsteller und Organisatoren. Spaeter halfen bei der Durchfuehrung der Marktplatzspiele auch religioese Bruderschaften, die sich aus buergerlichen Kreisen rekrutierten. Aber auch Zuenfte und andere weltliche Koerperschaften wirkten mit und wurden im Lauf der Zeit sogar federfuehrend. Diese Entwicklung ging einher mit der langsamen, aber stetigen Verweltlichung der Spiele einerseits und dem zunehmenden Eindringen der Kirche in weltliche Belange andererseits.

as mittelalterliche Drama

Als einer der ersten soll der St. Galler Moench Notker Balbulus, der Stammler, (um 840 - 912) in die Ostermesse zusaetzliche lateinische Sequenzen eingefuehrt haben. Tutilo (um 850 - 915) Notkers Mitbruder, ging noch einen Schritt weiter. Er gliederte in die Messeliturgie dialogische lateinische Prosatexte als Wechselgesaenge ein. Schon die Liturgie-Erweiterungen der Ostermesse im 10. Jahrhundert, erst recht dann die teils anonymen, teils bestimmten Autoren zuschreibbaren Spiele fixierte man schriftlich. Die meisten aber wurden in der Spieltradition veraendert und ueberarbeitet. Die Weiterentwicklung des mittelalterlichen Dramas brachte auch sprachliche Veraenderungen. Mehr und mehr verdraengten Texte in der Landessprache ihre lateinischen Vorgaenger. Aus den Feiern des kirchlichen Jahres gingen neben den Osterspielen auch Weihnachts- und Fronleichnamsspiele hervor. 1264 stiftete Papst Urban IV. das Fronleichnamsfest. Mit Fronleichnam ("Leib des Herrn") feierte man das Altarsakrament und unterstrich den Glaubensinhalt, dass in jeder Messe erneut Leib und Blut des Erloesers wirklich geopfert werden (Eucharistie). Diese Aussage der Kirchenlehrer sollte der Bevoelkerung naehergebracht werden, u.a. mit theatralen Mitteln. Um die Mitte des 15. Jahrhunderts kamen auch Fastnachtsspiele auf. Sie hatten einen oft derben, mitunter faekal- und sexualkomischen Inhalt und waren ein obrigkeitlich (und kirchlich) kontrolliertes Ventil der Ausgelassenheit.

usik

Im 9. Jahrhundert, einer Zeit hoechster liturgischer Gesangskultur, wurden einfache Dichtungen musikalischen Strukturen als Gedaechtnisstuetzen unterlegt. Derartige Tropen (tropos, griech. = Wendung) fuegte man auch in die Liturgie der Ostermesse ein. Die Szene, welche den Grabesbesuch der Marien (visitatio sepulchri) dialogisch darstellt, mag anfaenglich ein Wechselgesang zwischen zwei Choeren, dann ein gesungener Dialog zwischen dem auf dem Grab (Altar) sitzenden Engel und den heranschreitenden Marien gewesen sein.

Im Hoch- und Spaetmittelalter kennzeichneten gesungene Passagen nur noch besonders feierliche Stellen der Spiele. Ueblich war ausserdem die dramaturgische Verwendung von Instrumentalmusik (Zithern, Pauken, Floeten; Tuben, Hoerner). Auf diese Weise konnte die Bedeutung von Szenen unterstrichen, aber auch ihr emotionaler Gehalt ausgedrueckt werden.

Spielstaetten: Vom Kirchenraum auf den Marktplatz

War der Kirchenraum zunaechst Auffuehrungsstaette, so oeffneten sich die Kirchentore bereits im 12. Jahrhundert fuer Prozessionen und fuer religioese Spiele (z.B. "Jeu d'Adam" in Frankreich) auf dem Kirchenvorplatz. Spielstaette der grossen mehrtaegigen Spiele wird indes meist der Marktplatz. Die zahlreichen Stationen der biblischen Geschichte und der Vita Jesu, welchen die Szeneneinteilung des mittelalterlichen Dramas entsprach, bedingten einen haeufigen Szenenwechsel. Da es wenig buehnentechnische Verwandlungsmoeglichkeiten gab, kam man auf die Idee der *Simultanbuehne* (Mehrortbuehne). Die Orte des Geschehens wurden nicht hintereinander, sondern nebeneinander mit einfachen, aber plastisch gebauten Dekorationsstuecken angedeutet.

Der Regens – Regisseur des mittelalterlichen Theaters

Je aufwendiger und umfangreicher die Passions- und Mysterienspiele wurden, desto notwendiger wurde die Organisation und Strukturierung ihrer Durchfuehrung. Reichten urspruenglich Absprachen unter den rollenspielenden Klerikern, so war bei den Marktplatzspielen eine Spielleitung unumgaenglich. Fuer das Publikum sichtbar – aehnlich dem heute ueblichen Orchester-Dirigenten – gab der Spielleiter, der *Regens*, waehrend der Auffuehrung den Darstellern Zeichen und Stichworte fuer ihre Einsaetze. Hierzu diente ihm die Dirigierrolle, auf welcher der Dramentext nur stichwortweise notiert und Einsaetze deutlich hervorgehoben waren. Angesichts der recht komplizierten Spielablaeufe, die ja grossenteils von Laiendarstellern getragen wurden, mussten vor den Auffuehrungen zahlreiche Proben stattfinden.

eistliche und Laien als Schauspieler

Die Geistlichen, welche in den Anfaengen des mittelalterlichen Theaters Figuren darstellten (selbstverstaendlich auch weibliche), sahen sich hierbei als Diener Gottes: sie identifizierten sich nicht mit den zu verkoerpernden heiligen Gestalten; sie bedeuteten sie bloss, liehen ihnen symbolische Gestalt, um der Bevoelkerung das Heilsgeschehen naeher zu bringen. Mit der ueber Jahrhunderte sich hinziehenden, allmaehlichen Verweltlichung der mittelalterlichen Spiele geht naturgemaess auch ein Wandel des Darstellungsstils einher: Spielfreude, realistische und drastische Identifikation werden nach und nach zu seinen Kennzeichen.

Kirchengewaender und zeitgenoessische Kleider als Kostueme

Den Szenen aus dem Heilsgeschehen gemaess, die urspruenglich Teil der Ostermesse waren, spielte man in Messgewaendern. Auch noch im Spaetmittelalter trugen die Figuren aus der biblischen Geschichte von Messgewaendern abgewandelte Kostueme. Weltliche Wuerdentraeger, das Volk und die Kriegsknechte traten in zeitgenoessischer Tracht auf. Eine historisierende Kostuemierung der Figuren waere fuer das Mittelalter kaum denkbar gewesen, war es doch eine vom Glauben gepraegte Epoche, in deren Weltbild die politisch-geschichtliche Dimension wenig Bedeutung besass.

ittelalterliche Buehnenausstattung

Entweder waren die Stationen der Simultanbuehne auf dem Marktplatz verteilt (spaetes, sehr gut dokumentiertes Beispiel: Luzern 1583) oder nebeneinander auf einer Buehnenfront angeordnet (Valenciennes 1547). Der Stil der Dekorationsgestaltung entbehrte (wie der Darstellungsstil) vom Hochmittelalter an nicht der Realistik und der Drastik (Hoellenrachen). Einen Begriff davon vermitteln u.a. zeitgenoessische Abbildungen des "Juengsten Gerichts" so z.B. das Sandsteinrelief ueber dem Hauptportal des Berner Muensters. Die meist vollplastisch gebauten Spielortandeutungen orientierten sich an architektonischen Elementen der damaligen Gegenwart ebenso wie an der unperspektivischen, sich jeweils auf das Wesentliche beschraenkenden Malerei der Zeit.

Das Publikum als christliche Gemeinde

Glaeubige, zum groessten Teil Analphabeten, denen auf augenfaellige Weise Kernbekenntnisse des Glaubens beigebracht oder in Erinnerung gerufen wurden, bildeten das Publikum der mittelalterlichen Spiele. Die Theaterauffuehrungen blieben lange Zeit ein gottesdienstlicher Akt. In ihnen spiegelt sich die starke Praesenz des Glaubens und der Kirche im mittelalterlichen Leben. Nach und nach entwickelten sich aber die Auffuehrungen auch zu einer Lustbarkeit. Der im Hoch-und Spaetmittelalter aufkommenden Spielfreude der Darsteller entspricht die Lust der Zuschauer an der Sensation eines spektakulaeren Geschehens. Das Volk stroemte zu den Passionsspielen ebenso wie zu einer oeffentlichen Hinrichtung.

Renaissance: Rundgang

 Schon vor der Renaissance entwickelte sich das religiöse Mysterienspiel immer mehr zum Drama mit religiösem, moralischem und historischem Inhalt, das von Angehörigen des Adels, des Bürgertums und von professionellen Spieltruppen organisiert und aufgeführt wurde. Anlass zu dieser Entwicklung war das veränderte Denken der Gelehrten, der Humanisten, das sich nicht mehr primär auf Gott und das Jenseits konzentrierte, sondern sich wissenschaftlich mit dem Menschen, seiner realen Umwelt und seiner Geschichte befasste.

Historische Motive fanden nun auch Eingang ins Theater. An der Wand rechts vom Modell des Luzerner Osterspiels sehen Sie auf einem Holzschnitt dargestellt die Apfelschussszene aus dem «Alten Spiel vom Tell», das 1512 in Altdorf erstmals aufgeführt wurde. Sehr beliebt waren beim Adel, den Geistlichen und beim gebildeten Bürgertum Stücke mit religiösem oder moralischem Inhalt, wie sie erfolgreich an verschiedenen Orten der Schweiz gespielt wurden. Im Jahre 1515 wurde in Basel das Drama «Die zehn Alter dieser Welt» des Basler Buchdruckers und Buchhändlers Pamphilus Gengenbach aufgeführt. Er schildert darin das Leben eines gottlosen Menschen. Sie sehen dazu drei Szenen abgebildet: den Knaben, den Mann im besten Alter und den Greis. Sehr berühmt wurde der Berner Maler-Dichter Niklaus Manuel Deutsch, der schonungslos gegen die damaligen Missstände zu Felde zog. Auf einer Federzeichnung von 1525 sehen Sie eine Szene aus seinem polemischen Drama «Der Ablasskrämer».

Nicht nur in der Schweiz, sondern auch in anderen Ländern entfernte sich das Theater in seiner Entwicklung immer mehr vom mittelalterlichen Mysterienspiel.

Das auf den Menschen gerichtete Denken der Renaissance hatte in Italien seinen Ursprung; dabei erwachte auch das Interesse an der Geschichte. Dieses wurde angeregt durch die Lektüre antiker Handschriften, die nach dem Fall Konstantinopels von geflüchteten Gelehrten nach Italien gebracht worden waren. Die Aufführungen wurden von den Fürsten veranlasst und unterstützt. Sie ermöglichten auch die Darstellung zeitgenössischer Werke und die Wiederbelebung antiker Festzüge, der «Trionfi». Sie sehen dazu ein Beispiel aus einem der florentinischen Trionfi, den Prunkwagen der «persischen Kavaliere» anlässlich einer fürstlichen Hochzeit. Ähnlich wie zuvor die römischen Kaiser demonstrierten die italienischen Renaissancefürsten ihren Reichtum und ihre Macht durch prunkvolle Ausstattung ihrer Feste und Theateraufführungen.

Auch in der Renaissance wurde das religiöse Spiel weiter gepflegt. In Spanien fanden die «autos sacramentales» beispielsweise im Rahmen der Fronleichnamsprozessionen statt. Das weltliche Theater befasste sich mit anspruchsvollen Tragödien und Komödien, die hauptsächlich von professionellen, kommerziell geführten Wandertruppen dargestellt wurden. Die Frauenrollen im Drama wurden wie im Mittelalter in der Regel von Männern gespielt; nur im Schäferspiel durften Schauspielerinnen auftreten.

In Frankreich wurde das religiöse Theater in und um Paris von einer Bruderschaft, der «Confrérie de la Passion» aufgeführt. Sie erhielt durch einen Erlass von 1548 das Monopol für Paris, durfte aber nur noch weltliches Theater spielen. Sie sehen als Beispiel die Abbildung einer Pariser Komödiantenszene. Die Schauspieler tragen prächtige Kostüme, was ganz dem Wesen des Renaissance-Menschen entspricht, der dem Visuellen grosse Bedeutung beimisst. Wie in Italien liess auch der französische Hof theatrale Feste ausrichten; dies aber erst von der Mitte des 16. Jahrhunderts an.

In England dagegen fanden diese Feste schon am Ende des 15. Jahrhunderts statt. Sie sehen dazu eine Intermezzo-Darbietung an einem Hochzeitsfest im Hause des Sir Henry Unton. Die Musik nahm im Renaissancetheater eine wichtige Stellung ein und ermöglichte später im Barock die Entstehung der Oper. Sehr beliebt waren rein musikalische Zwischenspiele oder prunkvoll ausgestattete, musikalisch begleitete Szenen, die zwischen die einzelnen Akte der Theaterstücke eingeschoben wurden und meist keinen Zusammenhang mit dem Thema des Hauptwerks hatten.

Wie auf der anschliessenden Wand dargestellt, wurden die Theateraufführungen in den Niederlanden von den «Redereijker-Kammern» getragen. Diese Bürgervereinigungen brachten an einzelnen Orten nationale Wettspiele unter einem bestimmten Motto zur Aufführung. Sie sehen dazu auf einem Kupferstich von 1620 den Einzug der Kammer «de Maria Crans» in Brüssel.

In Deutschland organisierten verschiedenste Kreise Theateraufführungen: an Universitäten und Schulen wandte sich das Humanistendrama an die gebildete Elite. Für die Schuljugend gab es bereits seit 1530 das Schultheater, das der Erziehung in Rhetorik und Moral diente. Ab der Mitte des Jahrhunderts veranstalteten die Jesuiten Schultheater-Aufführungen zu propagandistischen Zwecken im Rahmen der Gegenreformation. Handwerksgesellen, Zünfte und Meistersinger führten Fastnachtsspiele auf. Sie sehen die Abbildung einer Szene aus einem Fastnachtsspiel des Nürnberger Schuhmachers und Poeten Hans Sachs.

Die Humanisten wandten sich der Aufführung antiker Dramen für ein gebildetes Publikum zu. Als theoretische Grundlage diente dabei die Dramentheorie des Aristoteles, deren Regeln der drei Einheiten befolgt wurden: die Handlung musste eine wesentliche Begebenheit wiedergeben; sie sollte sich an einem Ort abspielen; ihre Dauer musste sich auf einen Sonnenumlauf beschränken.

In der Tragödie wurde unheilvolles Geschehen grausam und realistisch geschildert. In der Komödie galten die beiden römischen Dramatiker Plautus und Terenz als Vorbild, und mit antiken Motiven wurden die damaligen Missstände kritisiert. Sie sehen dazu eine Szene aus einer italienischen Judith-Tragödie und Gestalten aus Komödien von Terenz. Sehr beliebt waren in der Renaissance die Schäferspiele als Gegenpol zur Gelehrsamkeit der Humanisten und dem Mächtespiel der Fürsten. Nymphen, Faune, Schäfer und Schäferinnen vergnügten sich in einer friedlichen Atmosphäre und stellten das «irrtumsfreie Reich des Schönen» dar, wie es der Dichter Torquato Tasso für das Schäferspiel verlangte. Dieses illustrieren zwei Holzschnitte mit Szenen aus Tasso's Schäferspiel «Aminta».

Weiter folgen Informationen zur Commedia dell'Arte, einem virtuosen Stegreifspiel, das sich in Italien in der Mitte des 16. Jahrhunderts entwickelte und dessen Ursprung bis heute ungeklärt ist; es werden dazu verschiedene Thesen aufgestellt. Durch ein ausführliches Konzept, «canevas» oder «szenario» genannt, wurden Handlung und Ablauf der Aufführung festgelegt. Das Szenario diente den Schauspielern, die alles Übrige improvisierten, als roter Faden. Der Commedia dell'Arte-Spieler hatte sehr schlagfertig zu sein, um auf die jeweilige Situation treffend eingehen zu können. Er musste körperlich sehr beweglich sein, um als Akrobat, Komödiant und Pantomime auftreten zu können. Die Improvisation wurde erleichtert durch zahlreiche gleichbleibende dramaturgische Muster, die «lazzi», die je nach Situation anzuwenden waren. Dabei spielten die Schauspieler einer Truppe immer die gleichen Rollen. Bekannte Figuren waren z.B. der Diener «Arlecchino» und der komische alte Kaufmann «Pantalone». Sie sehen auf drei Abbildungen verschiedene Darstellungen zur Commedia dell'Arte.

Verschiedene Architekten, darunter Bramante, Peruzzi und Serlio suchten in der Renaissance nach neuen Möglichkeiten, den Bühnenraum perspektivisch zu gestalten. Für das perspektivische Bühnenbild schlug Serlio drei feststehende Dekorationstypen vor: eine Palastarchitektur für die Tragödie, ein Strassenbild für die Komödie und eine Waldlandschaft für das Schäferspiel. Abbildungen und Texte hierzu folgen jenen zur Commedia dell'Arte.

In der Hoch-Renaissance gelang dem Architekten Andrea Palladio mit seinem Teatro olimpico in Vicenza die Rekonstruktion eines Theaterbaus, der weitgehend den Beschreibungen des alt-römischen Architektur-Theoretikers Vitruv entsprach. Im Unterschied zum alt-römischen Theater wurde die Anlage in Vicenza mit einem Dach versehen und verkleinert. Ein Grundriss, ein Schnitt, eine Ansicht der reich gestalteten *scaenae frons*, sowie ein Blick in den Zuschauerraum illustrieren auf der anschliessenden Wand das heute noch bestehende Teatro olimpico in Vicenza.

Anhand eines Modells können Sie die Serlio-Bühne studieren. Eingebaut in einen bestehenden Saal, besass sie einen halbkreisförmigen Zuschauerbereich. Auf der Vorderbühne spielten die Darsteller; auf der nach hinten ansteigenden Hinterbühne wurden die Dekorationen perspektivisch gestaffelt angeordnet; sie bestanden aus mit Leinwand bespannten Holzrahmen. Daher nennt man diese Bühnenform «Winkelrahmenbühne». Die Schauspieler durften die Hinterbühne nicht betreten, weil sonst der optische Eindruck durch falsche Grössenverhältnisse gestört worden wäre.

Detaillierte Informationen zum Renaissancetheater erhalten Sie, wenn Sie beim Präsentationsmedium die hölzerne Kurbel drehen.

Periakten – eine Verwandlungs-Idee aus der Antike

In der Renaissance war das Bühnenverwandlungs-Prinzip der Dreh-Prismen bekannt. Vermutlich ging diese Technik auf die spätgriechische oder römische Antike zurück. Die Prismen (genannt Periakten oder Telari) ersetzten die Winkelrahmen der Serlio-Bühne.

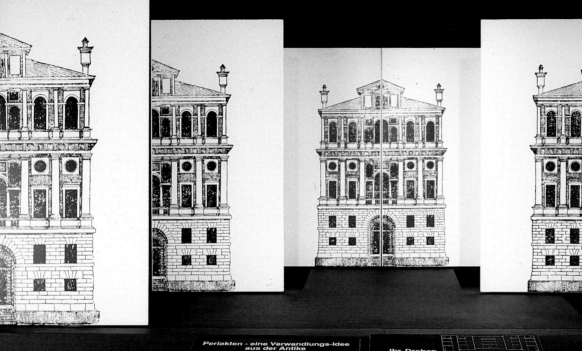

**Periakten - eine Verwandlungs-Idee
aus der Antike**

In der Renaissance war das
Bühnenverwandlungs-Prinzip
der Dreh-Prismen bekannt.
Vermutlich ging die Kenntnis
dieser Technik auf die spät-

griechische oder römische Antike zurück. Die Prismen (genannt *Periakten* oder *Telari*)
ersetzten die Winkelrahmen
der Serlio-Bühne.

**Ihr Drehen
an der Kurbel
macht weitere
Informationen
sichtbar:**

Ihr Drehen an der Kurbel
macht weitere
Informationen sichtbar.

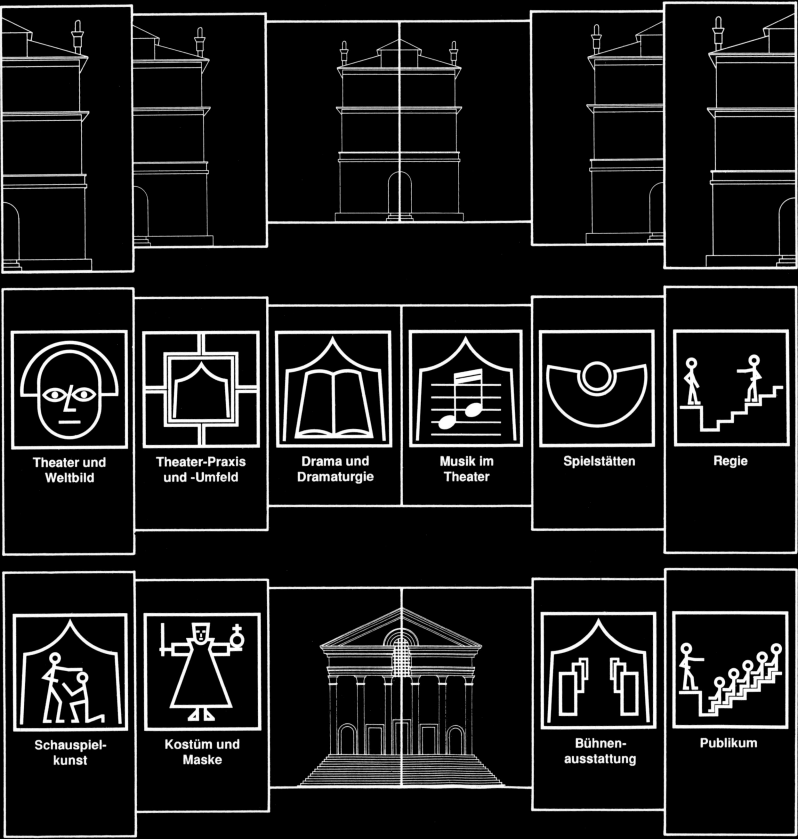

Theater und Weltbild

Theater-Praxis und -Umfeld

Drama und Dramaturgie

Musik im Theater

Spielstätten

Regie

Schauspiel-kunst

Kostüm und Maske

Bühnen-ausstattung

Publikum

Im Zentrum des Interesses: der Mensch

Bereits im Spätmittelalter öffnete sich der Blick für Weltliches mehr und mehr. In der Renaissance stand – zumindest für die geistige Elite – das Diesseits im Zentrum. Der Mensch in seiner irdischen Existenz war Mittelpunkt des Interesses. Die Gelehrten, die Humanisten, setzten sich mit seinem Wesen und – damit beinah zwangsläufig – mit seiner Geschichte auseinander: was lag näher, als sich den hervorragenden kulturellen Leistungen der Antike zuzuwenden und zu versuchen, ihnen in der eigenen Epoche zu einer Wiedergeburt (Renaissance) zu verhelfen?. Gemeinsam mit dem Sinn für die Geschichte, für die zeitliche Perspektive, erwachte eine Sensibilität für das räumlich-perspektivische Erscheinungsbild der Wirklichkeit. Dieses fand Eingang in die Malerei und wurde rational analysiert wie andere Naturerscheinungen. Der menschliche Körper, der Sternenhimmel und die Beschaffenheit der Erde erweckten ebenfalls wissenschaftliche Neugier. Die Renaissance ist auch die Zeit der grossen Entdeckungsfahrten eines Columbus, Magellan und Vasco da Gama. Indem sich die Gebildeten als befreite Individuen erfuhren, entwickelte sich in ihnen ein starkes Selbstbewusstsein, die Gewissheit einer eigenständigen Persönlichkeit. So verwundert es kaum, dass sich einzelne Theologen wie Martin Luther gegen die Macht der römischen Kirche und deren Missbräuche auflehnten und eine breithinwirkende Reformbewegung zustande brachten.

Vielgestaltiges Renaissance-Theater

Das neu erwachte Selbstbewusstsein, das wissenschaftliche Interesse am Menschen, an seiner Geschichte und Umwelt waren die Voraussetzungen unter denen das Theater in der Renaissance nach antikem Vorbild wieder institutionalisiert wurde. Es gab vielfältige Erscheinungsformen und Zielsetzungen. Hier seien die wichtigsten erwähnt:

Das Humanisten-Theater, ausgeübt von Gelehrten-Vereinigungen, Akademien und Schulen, diente vornehmlich den Ausübenden. Die Ziele waren Erweiterung und Vertiefung ihres Wissens.

Weltliche und kirchliche Fürsten vergnügten sich mit höfischen Festen, reich ausgestatteten Theatermanifestationen. So demonstrierten sie ihren Reichtum, ihre Kultur und ihre Macht.

Handwerkergruppen und andere Berufsverbände pflegten eine reiche Spielpraxis und setzten sich dabei kritisch mit ihrer Zeit auseinander.

Die Stegreiftheater-Form, die Commedia dell'Arte, hat ihre Wurzeln auch in der Renaissance.

Neben all diesen Theaterarten konnte sich das im Mittelalter entstandene religiöse Spiel halten; es hatte weiterhin gottesdienstliche Funktion und blieb die "Bibel der Analphabeten".

Wiedergeburt des antiken Dramas

Nach dem Fall Konstantinopels 1453 brachten geflüchtete byzantinische Gelehrte vermehrt Handschriften griechisch-antiker Werke nach Italien. Die Gelegenheit, Griechisch zu lernen und sich mit griechischer Philosophie im Original auseinanderzusetzen, förderte die humanistische Bewegung nicht unbeträchtlich.

Beschäftigte man sich mit antiken Dramen vorerst rein literaturhistorisch, so gab es bereits seit der Mitte des 15. Jahrhunderts eine Reihe von Versuchen der theatralen Wiederbelebung, die schliesslich von weltlichen und kirchlichen Fürsten gefördert wurden (z.B. in Rom durch Pomponius Laetus). Man hielt sich an Plautus, Terenz und Seneca, die als rhetorische Meister galten. Das gesprochene Wort war wesentlichstes Element der Aufführung. So genoss auch der Autor hohes Ansehen. Es erstaunt daher nicht, dass die bedeutendsten Humanisten sich mit Erfolg im Verfassen von Dramen versuchten, so u.a. Ludovico Ariosto (1474 – 1533), Niccolò Machiavelli (1469 – 1527), Pietro Aretino (1492 – 1556) und Torquato Tasso (1544 – 1595).

Die Humanisten hielten sich an die Dramentheorie des Aristoteles; streng deuteten sie vor allem dessen Regeln über die drei Einheiten: die Handlung musste eine wesentliche Begebenheit wiedergeben; sie sollte sich an einem Ort abspielen und ihre Zeitdauer musste sich auf einen Sonnenumlauf beschränken.

Der Mensch als Mass für die Musik

Die Musik spielte in der Renaissance-Inszenierung mindestens eine so grosse Rolle wie im mittelalterlichen Theater. Dies wird man nicht bezweifeln, wenn man sich zwei Phänomene am Ende der Renaissance vergegenwärtigt, die zum nachfolgenden Zeitalter, dem Barock, überleiten: 1. das dramaturgische Gewicht der Musik in Shakespeare's Werk und 2. die Geburt der neuen Theatergattung Oper. Beliebt waren rein musikalische Zwischenspiele (oft kunstvoll vorgetragene Madrigale) oder musikalisch bestimmte Intermedien, d.h. zwischen die Akte von Theaterstücken eingeschobene, meist prunkvoll ausgestattete Szenen, die eher selten einen Bezug zum Hauptwerk herstellten.

Als Mass für die Musik galt in der Renaissance der Mensch. Im Vergleich zum Mittelalter klang sie sinnlicher. Die Melodien wurden einfacher und natürlicher, wurden durch den menschlichen Atem gegliedert. Die Musik sollte die Natur nachahmen, indem sie als Vokalmusik (Madrigal) den Affekt- und Ausdrucksgehalt des unterlegten Textes wiederzugeben hatte; so wurde der Weg zum Musikdrama geebnet.

Spielstätten nach altrömischem Vorbild

Um Christi Geburt hatte der römische Architekt Vitruv (Marcus Vitruvius Pollio) das umfassende bautheoretische Werk in zehn Büchern "De architectura" verfasst. Das Werk, in dessen fünftem Buch der Theaterbau abgehandelt wird, ist vollständig erhalten und wurde vom bedeutenden Architektur-Theoretiker Leon Battista Alberti (1404- 1472) allgemein bekannt gemacht. 1486 wurde sie dann zu Venedig erstmals in lateinischer Sprache gedruckt. Das Studium dieses Werkes hatte bedeutenden Einfluss auf die Baukunst der Renaissance, so auch auf die Spielstätten- und Bühnengestaltung dieser Epoche. Bramante und Baldassare Peruzzi beschritten neue Wege. Diese führten zur Serlio-Bühne, benannt nach dem Architekten Sebastiano Serlio (1475 – 1554), der 1545 sein Werk "Architettura" in Paris veröffentlichte (vgl. Modell der Serlio-Bühne in diesem Raum).

Die Theateranlagen in geschlossenen Räumen erforderten eine Bühnenbeleuchtung. Als Lichtquellen standen Fackeln, Wachskerzen sowie Oellampen zur Verfügung. Besondere Effekte erzielte man durch bunte Gläser oder mittels Glasgefässen, die gefärbte Flüssigkeiten enthielten, sowie durch teilweise Abdeckung der Lichtquellen (Verdunkelung in tragischen Szenen).

Theoretische Schriften zur Regie - Dramatiker und Architekten als Regisseure

Bezeichnend für den rationalen Duktus der Renaissance ist, dass erste theoretische Schriften zur Regie entstanden, die die Kenntnisse der Zeit zusammenfassten. Leone de'Sommi (1527 - 1592) hielt in seinen "Dialoghi" Regiegrundsätze fest. Es waren Regeln für die Rollenbesetzung und die Beurteilung der Schauspieler, für deren darstellerische Arbeit sowie für das inszenatorische Vorgehen überhaupt. De'Sommi empfahl, als Regisseur den Dramatiker zu wählen, weil dieser die Nuancen des Textes am besten kenne und umsetzen könne. Die Schauspieler sollten sich, das Gesicht den Zuschauern zugewandt, möglichst in der Mitte des Proszeniums und nicht zu nahe am perspektivisch gestalteten Hintergrund aufhalten, galt es doch, Grössenvergleiche zwischen den Darstellern und den hinteren Winkelrahmen zu vermeiden, damit die Illusion der Perspektive nicht gestört werde.

Weil Inszenieren häufig bedeutete, technische Voraussetzungen und eine prunkvolle Ausstattung für eine Aufführung zu schaffen, wurden aber nicht selten Architekten, Maler und Plastiker mit der Regie betraut. Raffael, Leonardo da Vinci, Peruzzi, Buontalenti sind berühmte Beispiele für diese Praxis.

Verfeinerung der Schauspielkunst

Die Auftritte unter freiem Himmel vor einem vielschichtigen Publikum hatten bei den mittelalterlichen Darstellern eine weithin wirksame Deutlichkeit in Sprache und Gestik vorausgesetzt. Im Gelehrtentheater der Renaissance war eine Verfeinerung der Darstellungsmittel geboten; denn man spielte häufig in geschlossenen Räumen, und die gebildeten Laiendarsteller traten vor einem nicht minder unterrichteten Publikum auf. Es galt, die Rollenfigur durch angemessenen Stimmgebrauch und Sprechduktus zu charakterisieren und rhetorisch zu brillieren. Ausserdem erforderten die aus einem differenzierten literarischen Bewusstsein heraus formulierten Monologe und Dialoge besondere rhetorische Sorgfalt, damit auch ein geschultes Publikum sie erfassen und geniessen konnte. Die Gänge der Darsteller auf der Bühne pflegte man genau festzulegen. Eine aus dem Jahre 1584 überlieferte Beschreibung einer Aufführung in Vicenza bezeugt dies: "Jede Person wusste, nach welchem aufgezeichneten Schema sie sich bewegen und nach wieviel Quadraten (des Bühnen-Boden-Musters; Anm.d.Red.) sie stehen bleiben musste". Vom strengen Prinzip des Mittelalters, Frauenrollen ausschliesslich durch Männer darstellen zu lassen, kam man in der Renaissance nach und nach ab. Zwar wurde für die Komödien und Tragödien der Humanisten diese Gepflogenheit beibehalten; in den Schäferspielen durften sich auch Schauspielerinnen profilieren. Darstellerinnen traten dann auch in den Stegreifspielen vom Typus der Commedia dell'Arte auf.

Schminkmasken
und reich ausgestattete Kostüme

Der Regietheoretiker de'Sommi äusserte sich auch über Kostüm und Maske der Darsteller. Er schliesst den Gebrauch von Deckmasken und falschen Bärten aus, "weil sie zu sehr die Stimme behindern". In der Renaissance wurde die Schminkmaske vorgezogen. De'Sommi schreibt: "Der Schauspieler bekommt einen Haarrand unter die Mütze; mit ein paar Pinselstrichen auf Wange und Stirn mache ich ihn alt, verfallen und runzelig." Dabei sei es de'Sommis Ziel, "das natürliche Aussehen eines jeden Darstellers so zu verwandeln, dass er nicht sobald von Zuschauern erkannt werde, die ihn täglich vor Augen haben."

Dass in der Renaissance, einem Zeitalter visuell besonders begabter und empfänglicher Menschen, das Bühnenkostüm eine ganz spezielle Rolle spielt, kann nicht verwundern. De'Sommi hält fest, er habe sich als Spielleiter immer bemüht, "die Schauspieler so fein anzuziehen", als es ihm nur möglich gewesen sei. Hierbei habe er stets auf die sozialen Verhältnisse der Figuren untereinander geachtet". "Mir scheint", fährt er fort, "dass das prächtige Kostüm den Komödianten Ansehen und Reiz erwirbt und noch mehr den Tragöden. Ich würde keinen Anstand nehmen, einen Diener in Samt oder in farbigen Atlas zu kleiden, vorausgesetzt, dass sein Herr Stickereien oder Gold trüge und so prächtig, dass das notwendige Verhältnis zwischen ihnen gewahrt bliebe."

Perspektivische Bühnenbilder

Sebastiano Serlio setzte wie vor ihm Donato d'Angelo, genannt Bramante und Baldassare Peruzzi das Prinzip der perspektivischen Malerei auf der Bühne um. In mehreren parallel zur Bühnenrampe hintereinander stehenden, senkrechten Ebenen, symmetrisch zur Mittelachse der Bühne ordnete Serlio Winkelrahmen aus Holz an, die mit Stoff bespannt waren. Diese Stoff-Flächen bemalte er mit Dekorationselementen, die gemeinsam die perspektivische Ansicht ergaben. Fehlerfrei erschien diese Ansicht übrigens jenen Betrachtern, die sich in der Nähe der Mittelachse der Bühne und des Zuschauerraumes aufhielten und deren Augen sich in der Höhe des Fluchtpunktes befanden. Diesen Platz nahmen in der Regel die Fürstlichkeiten ein.

Serlio hatte das Prinzip der Perspektivbühne vervollkommnet; er schlug auch vor, es mittels Telari (Drehprismen) verwandelbar zu machen. Mit vielen inhaltlichen und stilistischen Abwandlungen hielt sich dieses Prinzip über mehrere Jahrhunderte.

Elitäres Publikum

Das eigentliche Renaissance-Theater war eine elitäre Angelegenheit. Die von Humanisten, kirchlichen Würdenträgern und weltlichen Fürsten veranstalteten Aufführungen durften in der Regel nur geladene Gäste besuchen. Adlige, Patrizier, Geistliche und bürgerliche Gelehrte gehörten zum Kreis der Auserwählten, die auch die bildungsmässigen Voraussetzungen mitbrachten (Latein- und Mythologie-Kenntnisse), um den anspruchsvollen Texten und Inszenierungen folgen zu können. Theater war für diese Menschen u.a. eine Selbstbestätigung. Es stellte für sie sicher primär einen geistigen, aber durchaus auch einen sinnlichen Genuss dar.

Während die bürgerlichen Zuschauer des Mittelalters dem dramatischen Geschehen mitunter von Spielort zu Spielort folgen mussten, läuft das aristokratische Publikum der Renaissance "nicht hinter den Dingen her, sondern lässt – Szene nach Szene im gleichen Rahmen – an sich herankommen" (Heinz Kindermann).

Wirklich für die Oeffentlichkeit, für die grosse Masse bestimmt waren die "sacre rappresentazioni" (= "heilige Darstellungen") und die von den "istrioni" (lat. histriones = Schaupieler,) auf Marktplätzen selbständig durchgeführten Vorstellungen, die von Zünften oder anderen stadtbürgerlichen Institutionen ausgerichtet wurden.

BELLONÆ AC MUSIS THEATRUM
RAINUTIUS FAR[...]OS PARMÆ ET PLACENTIÆ ... DUX IV, CÆSTRI V.
AUGUSTA M[...]UCENTIA APPRUIT AN[...] MDCXVIII.

Barock: Rundgang

Auf der Wand links vom grossen, dem Eingang gegenüberliegenden Barocktheater finden Sie das berühmte Gedicht des Spaniers Francisco Gomez de Quevedo. Seine Verse spiegeln das Denken und Empfinden des Barockmenschen, der die Begrenztheit des Lebens und dessen ständigen Wandel bewusst erfährt. Das Theater, das selbst ein vergängliches Geschehen ist, gilt im Barock als entsprechendes Mittel, um die Wandelbarkeit und die Vergänglichkeit des Lebens auszudrücken.

Im Theater des Barock wurde die Dynamik des Geschehens unterstrichen; unterschiedliche, häufige Verwandlungen der Szene waren daher beliebt. So spielten bühnentechnische Einrichtungen eine grosse Rolle. Sie ermöglichten bei den Aufführungen und Festen wirkungsvolle Effekte, wie z.B. Auftritte aus und Verschwinden in Versenkungen, bewegliche Wellen des Meeres oder das Erscheinen ganzer Engelchöre. Um dem häufigen Schauplatzwechsel gerecht werden zu können, entstand in Italien die Kulissenbühne, als deren Erfinder Giovanni Battista Aleotti gilt. Er versah den ganzen Bühnenboden mit Schlitzen, die parallel zur vorderen Bühnenkante verliefen und als Gleitrinnen für flache, mit Leinwand bespannte Lattenrahmen dienten. Die Leinwandflächen, eben die Kulissen, wurden mit zentral-perspektivisch aufeinander abgestimmten Motiven bemalt. Die beweglichen Rahmen waren durch Seilzüge mechanisch gekoppelt; dadurch konnte ein Bild zum Verschwinden und gleichzeitig ein neues zum Vorschein gebracht werden; so waren rasche und häufige Szenenwechsel möglich.

Dieser neue Bühnentyp fand auch ausserhalb Italiens grossen Anklang und wurde später in ganz Europa verwendet. Der italienische Architekt und Bühnenbildner Niccola Sabbatini gab 1638 ein Handbuch mit Anweisungen zum Aufbau von Szenen und bühnentechnischen Einrichtungen heraus.

Das Licht wurde als dramaturgisches Element entdeckt und entsprechend illusionsfördernd eingesetzt. Blechzylinder wurden mittels Schnurzügen über die brennenden Lichter gestülpt und im Bedarfsfall wieder angehoben. Auf dem Schrägpult vor dem grossen Barocktheater finden Sie dazu Abbildungen aus dem Handbuch Sabbatinis.

Wenden Sie sich nun im Uhrzeigersinn der nächsten Wand zu: schon im Theater der Renaissance hatte die Musik in den Schäferspielen und Intermedien, den Darbietungen zwischen zwei Akten, eine zentrale Rolle gespielt. Diese Tatsache ermöglichte an der Wende zum 17. Jahrhundert die Entstehung einer neuen Theatergattung: der Oper. «Dafne» hiess die erste Oper, die man 1597 in Florenz aufgeführt hatte. Die Musik stammte von Jacopo Peri, dessen zweite Oper «Euridice» im Jahre 1600 in Florenz uraufgeführt wurde. Verschiedene italienische Städte wurden bald Zentren der neuen Gattung. Im Vordergrund stand Venedig, wo der Komponist Claudio Monteverdi grosse Berühmtheit erlangte. In ganz Europa setzte sich die Oper rasch durch. An den Fürstenhöfen fanden prunkvolle Aufführungen statt, die durch ihre aufwendige Ausstattung den Reichtum und die Macht ihrer Veranstalter demonstrieren sollten. Sie sehen an der Wand rechts vom grossen Barocktheater einige Illustrationen zur frühen Operngeschichte.

In der Schweiz gab es keine Fürsten als Hauptträger des barocken Theaters. Die Aufführungen wurden von Jesuiten, Benediktinern, Zünften und grösseren Gemeinden getragen. Sehr beliebt waren Festspiele, die zu besonderen Anlässen aufgeführt wurden. Sie sehen das Modell zum «Eydgenössischen Contrafeth», das 1672 in Zug aufgeführt wurde (siehe nebenstehende Fotografie). Es handelt sich dabei um mythologisch verbrämte Szenen aus der Schweizer Geschichte, sozusagen um ein «Konterfei», ein Abbild der damaligen Eidgenossenschaft.

In Italien wurden auch die ersten öffentlichen Opernhäuser errichtet; dabei handelte es sich um sogenannte Guckkastentheater. Als Beispiel dazu sehen Sie auf der Stellwand hinter dem Zuger Modell Abbildungen des Teatro Farnese in Parma: das mittlere Tor der in der Renaissance wieder eingeführten *scaenae frons* wird zum Bühnenrahmen erweitert; das Parkett kann von der Bühne über Treppen erreicht werden, und der Zuschauerraum wird hufeisen-förmig angeordnet. Bei Festaufführungen in höfischen Parkanlagen verwendete man eine auf allen Seiten von Zuschauern umgebene Szenerie. Sie sehen die Darstellung eines Hoffestes im Park von Versailles um 1664.

Für die Aufführungen der Commedia dell'Arte und für Wandertruppen-Vorstellungen im Freien wurden weiterhin einfache Spielgerüste verwendet, wie sie auf einem Kupferstich aus Frankreich dargestellt sind.

Weiter folgen Informationen zur praktischen Theaterarbeit von Dramatikern, die oft auch als Schauspieler tätig waren, wie z.B. Shakespeare und Molière, aus dessen Komödien Sie zwei Szenen abgebildet sehen.

Vor diesen Abbildungen steht das Modell der Shakespeare-Bühne, deren Grundriss die Form eines regelmässigen Achtecks aufweist. Sieben Sektoren sind durch die Zuschauerränge besetzt, im achten Sektor ist das Bühnenhaus untergebracht. Weil Shakespeare den Ortswechsel in seinen Dramen im Dialog andeutete, genügten statt eines aufwendigen Bühnenbildes einfache Versatzstücke und Requisiten.

In den Ordensschulen, vor allem bei den Jesuiten und Benediktinern, spielte das Schul-Theater eine grosse Rolle. Es erfüllte missionarische Aufgaben, diente aber auch der Ausbildung in Rhetorik und selbstsicherem Auftreten. Noch heute wird in verschiedenen Klosterschulen, wie z.B. in Einsiedeln, diese Tradition weitergeführt. Im Norden und Osten Deutschlands gewann das protestantische Schultheater eine grosse Bedeutung. Dazu sehen Sie die Abbildung einer Szene aus «Catharina von Georgien» von Andreas Gryphius.

Modell der Spielanlage für das «Eydgenössische Contrafeth», Zug 1672: Rekonstruktion 1942 von Hermann Jenny nach einem zeitgenössischen Stich

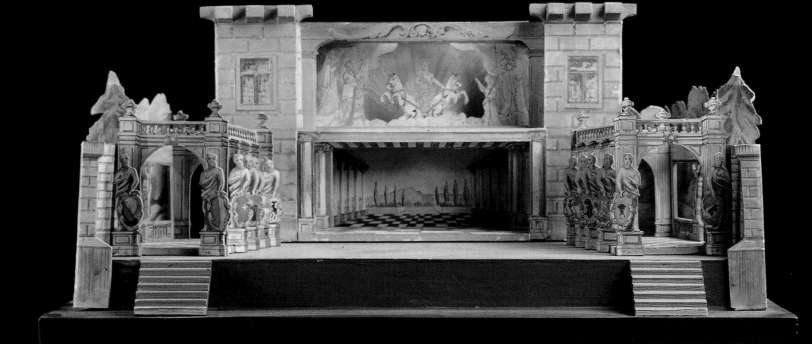

Barock-Theater in der Schweiz

Da es in der Schweiz keine Fürstenhöfe gab, trugen neben den Jesuiten und Benediktinern auch Zünfte und grössere Gemeinden das Theaterwesen. Noch in Shakespeares Todesjahr, 1616, führten die Luzerner ein letztes Mal ihr im Mittelalter wurzelndes Osterspiel auf. Eine ganze Reihe von grösseren Orten in der Zentralschweiz,

aber auch in den übrigen Kantonen, veranstalteten zu besonderen Anlässen Festspiele.

Ein berühmtes barockes Exempel ist "Das Eydgenössische Contrafeth auff' und abnehmender Jungfrauen Helvetiae", das die Bürger Zugs am 14. und 15. September 1672 auf dem Ochsenplatz in Szene setzten.

Das Spiel von *Johannes Kaspar Weissenbach* könnte man als barocken, allegorisch verbrämten, mythologischen Bilderbogen der Schweizer Geschichte bezeichnen.

Das Modell wurde 1942 aufgrund eines zeitgenössischen Szenenstiches für die Ausstellung "Volk und Theater" gebaut.

Man wandte sich im Barocktheater von neuem spätmittelalterlichen Allegorien zu und brachte sie in Verbindung mit den in der Renaissance wiederentdeckten Göttern der Antike. Dies kam bei den reich gestalteten Kostümen und prächtigen Bühnenbildern deutlich zum Ausdruck. Sie sehen dazu links neben dem Durchgang zum vorhergehenden Raum die Darstellung einer allegorischen Szene im Schlosstheater von Heidelberg und die Abbildungen kunstvoll gestalteter Kostüme aus Deutschland und Frankreich.

Wenn Sie sich rechts vom Eingang dem Modell und den Illustrationen zum Schlosstheater von Drottningholm zuwenden, finden Sie Bühnen-Maschinen aus dem Barock dargestellt, welche heute noch funktionstüchtig sind: das Schlosstheater, das vom Architekten Fredrik Adelcrantz in der Sommerresidenz der schwedischen Könige in der Nähe von Stockholm errichtet worden war, wird jeden Sommer bespielt, und zwar unter Verwendung der alten Bühnentechnik.

Im Theaterleben des nördlichen Europa spielten englische Wandertruppen eine wesentliche Rolle. Sie führten meistens Historiendramen, aber auch Clownerien auf. Sie brachten die Dramen Shakespeares und seiner Zeitgenossen auf den europäischen Kontinent. Sie sehen die Darstellung einer Komödienszene auf dem Titelblatt einer Sammlung von Schauspielen englischer Komödianten von 1670.

Dann folgen Informationen zum Ballett, das vor allem in Frankreich sehr gepflegt wurde. Der Bühnentanz war streng reglementiert und verfügte über ein klar definiertes Repertoire an Stellungen, Schritten und Gesten. Noch heute wird diese Tradition im klassischen Ballett weitergeführt. Sie sehen Louis XIV., «den Sonnenkönig», in der Rolle des Apollo.

Wenn Sie beim grossen Barocktheater das Drehkreuz bedienen, können Sie dessen Kulissen bewegen und diesen weitere Informationen zum Theater des Barocks entnehmen.

Ideal für die barocke Verwandlungsszenerie: die Kulissenbühne

Als Erfinder der *Kulissenbühne* gilt *Giovanni Battista Aleotti* (1546 – 1636). Den mit leichtem Gefälle angelegten Bühnenboden versah er mit Schlitzen (Freifahrten). Sie waren parallel zur vorderen Bühnenkante (Rampe) und je seitlich symmetrisch zur Mittelachse der Bühne angeordnet. Aleotti verteilte die Freifahrten über die ganze Tiefe der Bühne, indem er jeweils mindestens zwei dicht nebeneinander plazierte und zwischen den so gebildeten Gruppen Auftrittsgassen freiliess. Die Schlitze dienten als Gleitrinnen für flache, mit Leinwand bespannte Lattenrahmen (Kulissen; franz. couler = gleiten, fliessen). Die Leinwandflächen wurden mit zentral-perspektivisch aufeinander abgestimmten Motiven bemalt. Durch gleichzeitiges Wechseln aller Kulissen, die durch Seilzüge mecha-nisch gekoppelt waren, konnten beachtliche Überraschungseffekte erzielt werden.

Barock

Niveauunterschiede in der Schauspielkunst

Barocke Kostüme

Dynamische Bühnenbilder, dynamische Beleuchtung

Publikum: Schein und Gesehen-Werden

Im Zentrum: szenische Effekte

Ideal für die barocke Verwandlungsszenerie: die Kulissenbühne

Wenn Sie an weiteren
Informationen interessiert sind,
drehen Sie am Drehkreuz!

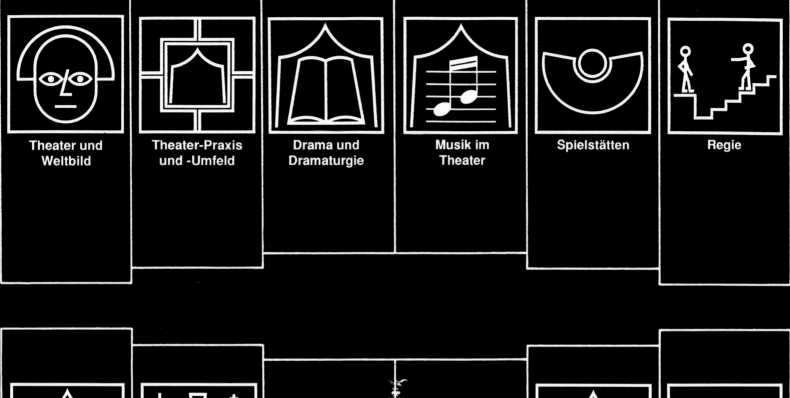

Theater und Weltbild

Theater-Praxis und -Umfeld

Drama und Dramaturgie

Musik im Theater

Spielstätten

Regie

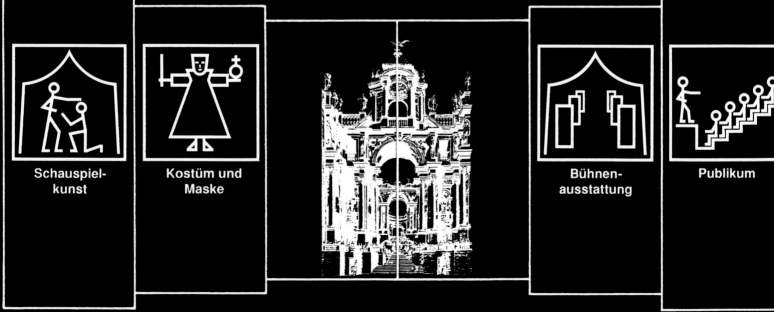

Schauspiel-kunst

Kostüm und Maske

Bühnen-ausstattung

Publikum

Theatervielfalt im Barock

Wenn sich auch ein recht einheitliches Bild barocker Weltsicht entwerfen lässt, so gab es im 17. Jahrhundert - ähnlich wie in der Renaissance - mehrere Theater-Erscheinungsformen. Der eine Grund dafür war, dass praktisch alle ihre Vorläufer in der Renaissance hatten; der zweite ist in den ungleichen Schlussfolgerungen zu suchen, die man verschiedenenorts aus der Grunderkenntnis der Dynamik und der Vergänglichkeit von Welt und Bühne gezogen hatte.

In *Spanien* und *England* entstand eine offene Theaterform mit schnellen Szenenfolgen, die man auf einfach konzipierten Bühnen mittels Ortsandeutungen im Dialog elegant verwirklichte. Im Gegensatz dazu gab dieselbe dynamische Konzeption eines häufigen Schauplatzwechsels den *Italienern* Anlass zur Erfindung eines bühnentechnischen Schnell-Verwandlungs-Systems: schon zu Beginn des 17. Jahrhunderts entstand in Italien das *Kulissentheater*, welches bald im übrigen Europa nachgeahmt wurde, zunächst in Österreich, Deutschland und Frankreich, dann in England und Spanien.

In *Frankreich* setzte man dem Grunderlebnis der Vergänglichkeit ein strengen Regeln unterworfenes Theater entgegen: die drei aristotelischen Einheiten, denen auch die Gelehrten der Renaissance grosse Bedeutung beigemessen hatten, wurden im stark absolutistisch ausgerichteten Frankreich sehr eng aufgefasst und praktiziert.

Theaterträger im Barock

Man kann vier Träger des barocken Theaterwesens unterscheiden:

1. die Fürstenhöfe
2. die religiösen Orden (Schultheater)
3. die Städte und ihre Zünfte
4. Privatunternehmer

In England, Frankreich, Italien, Spanien, Deutschland und Österreich veranstalteten die Könige und Landesfürsten Theater. Wesentliches Motiv dafür war die Repräsentation des absolutistischen Anspruches, wenn dabei auch die Erbauung und Unterhaltung der Fürsten selbst eine gewisse Bedeutung hatte. Mehrtägige Theaterfeste zu Krönungen sowie zu Hochzeiten, Geburtstagen und ähnlichen Familienfesten der Potentaten waren - wie in der Renaissance - nicht selten. Trat der Hof selbst nicht als Veranstalter auf, unterstellte er das Theaterwesen meist seiner Kontrolle: die Leiter von Theatertruppen (Commedia dell'Arte, englische Komödianten) hatten um eine Spielerlaubnis nachzusuchen und mussten oft auch die zur Aufführung vorgesehenen Stücke der Zensur vorlegen (England, Frankreich, Spanien). Es war im 17. Jahrhundert auch möglich, dass Wandertruppen an einem Fürstenhof für eine gewisse Zeit engagiert wurden. Als private Träger des Theaterwesens sind vorab die Truppenleiter zu bezeichnen, die mit ihren Komödianten von Ort zu Ort, nach Möglichkeit von Fürstenhof zu Fürstenhof zogen und mitunter auf beträchtliche Gewinne rechnen konnten.

Offene und geschlossene Form des Dramas

Im Übergang von der Renaissance zum Barock und in dieser Epoche selbst entstand erstmals seit der Antike wieder in grossem Umfang Dramatik, die weit über ihre Zeit hinaus Bedeutung hat und die in den Spielplänen aller nachfolgenden Epochen häufig erscheint. Namen wie *William Shakespeare (1564 - 1616)*, *Ben Jonson (1573 - 1637)*, *Molière* (Jean Baptiste Poquelin, 1622 -1673), *Miguel de Cervantes (1547 - 1616)*, *Lope Felix de Vega (1562 - 1635)*, *Calderon de la Barca (1600 - 1681)*, *Tirso de Molina* (Gabriel Téllez, 1584 - 1648), *Pierre Corneille (1606 - 1684)* und *Jean Racine (1639 - 1699)* sind heutigen Theaterbesuchern bekannt. Bis in unsere Tage gespielte Dramen schufen z.B. auch *Jakob Bidermann (1578 - 1639)* und *Andreas Gryphius (1616 - 1664)*.

Für die Art und Weise des Dramenbaues gab es zwei entgegengesetzte Methoden: die offene und die geschlossene Form. Die *gesprochene Dekoration*, die im Dialog enthaltene Ortsangabe, erlaubte es Shakespeare, in seinen Dramen häufige Schauplatzwechsel ohne wesentlichen bühnentechnischen Aufwand vorzusehen (offene Form).

Im Frankreich des 17. Jahrhunderts entstanden zahlreiche Essays zu den drei aristotelischen Einheiten, worin diese viel strenger gedeutet wurden, als sie Aristoteles gemeint hatte. Die Folge war eine klassizistische Dramaturgie, die von Molière, Racine und Corneille vollendet beherrscht wurde (geschlossene Form).

Geburt der Oper

Bis zum Ende des 16. Jahrhunderts hatte die Musik als Element des Theaters stets mehr an Bedeutung gewonnen, insbesondere in den beliebten *Schäferspielen* und in den nicht minder geschätzten *Intermedien*. Mit der Wende zum 17. Jahrhundert wurde sie zum wesentlichen Bestandteil einer neu erfundenen Gattung, der *Oper*.

Ein musikalisch durchgestaltetes dramatisches Werk entsprach durchaus dem barocken Weltgefühl. Dem Sinn für das Prozesshafte des Lebens und des Theaters musste das künstlerische Element Musik willkommen sein, das wie kein anderes den Fluss der Zeit deutlich macht und welches das dramatische Geschehen in der emotionalen Ebene auf direkte Weise illustrieren kann. Die neue Theatergattung war allerdings aus theoretischen Überlegungen von Humanisten hervorgegangen, welche die Rekonstruktion der antiken Theaterpraxis anstrebten.

Zu diesen Überlegungen hatte *Vincenzo Galilei,* der Vater des Physikers *Galileo,* wesentliches beigetragen. Nach Vincenzo Galileis Tod, vermutlich 1597, fand in Florenz vor einem auserwählten kleinen Kreis die Uraufführung der ersten Oper statt: "Dafne", die *Jacopo Peri* (1561 - 1633) nach dem Libretto von *Ottavio Rinuccini* (1564 - 1621) komponiert hatte.

Das Guckkastentheater als Forum für die Oper

Bereits 1637 erlebte *Monteverdi* als Kapellmeister von San Marco in Venedig die Gründung eines ersten öffentlichen Opernhauses, des *Teatro di San Casiano.* In den darauf folgenden Jahren wurden allein in Venedig fünf Theater gebaut, die Opernaufführungen dienten. Zahlreiche Städte Italiens folgten dem Beispiel der Lagunenstadt. Die neuen Häuser waren sogenannte *Guckkasten-Theater* mit hufeisenförmigen Zuschauerrängen und einem von der Bühne über Treppen erreichbaren Parkett, das gelegentlich noch bespielt wurde. Ausnahmslos wurden die Gebäude mit der zu Beginn des 17. Jahrhunderts erfundenen Kulissenbühne versehen.

Die Entwicklung zum Guckkasten-Theater hatte schon im 16. Jahrhundert eingesetzt. Die "scaenae frons" des *Teatro olimpico* zu Vicenza besass ein gegenüber dem antiken Vorbild vergrössertes Mittelportal, dessen Durchblick perspektivisch ausgestattet war. Dieses Portal wurde bei späteren Bauten stets vergrössert, bis es zum Bühnenrahmen wurde, den der Theaterbesucher des 20. Jahrhunderts aus eigener Anschauung kennt.

Regisseure: Truppenleiter, Architekten und Lehrer

Im Barock kannte man den Beruf des Regisseurs im heutigen Sinn so wenig wie in der Renaissance. Die Arrangements (Auftritte, Gänge und Stellungen auf der Bühne sowie Abgänge) bestimmte meist der Direktor einer Truppe, weil er oft deren bedeutendster Schauspieler war. Er förderte seine Kollegen und Mitarbeiter durch Vorbild oder Unterricht und legte - falls vorhanden - auch den Text aus, wirkte stilbildend oder gar stilvereinheitlichend. War er als Leiter und Hauptdarsteller zugleich Autor - wie z.B. Shakespeare oder Molière -, kamen ihm diese Aufgaben erst recht zu.

Bei den barocken Festen, Intermedien (Zwischenspiele) und Opern stand sehr oft der Maschinen- und Verwandlungszauber im Vordergrund. In den zeitgenössischen Berichten wird den Beschreibungen der szenischen Effekte meist wesentlich mehr Bedeutung zugemessen als der Schilderung anderer Qualitäten der Aufführung. So wird es verständlich, dass man - wie zuvor in der Renaissance üblich - mit der Realisierung eines höfischen Festes oft einen namhaften Architekten, Maler oder Bildhauer betraute, der für die ganze Inszenierung verantwortlich war.

Im *Schultheater* wirkten sehr oft die dafür verantwortlichen Geistlichen als Autoren und zugleich als Realisatoren der Aufführungen, in denen - mit einer zeitlichen Verzögerung gegenüber den Hofopern-Bühnen - mehr und mehr auch die neuen theatertechnischen Errungenschaften nutzbar gemacht wurden.

Niveauunterschiede in der Schauspielkunst

Typisch für die Barockzeit ist ein enormes Niveaugefälle unter jenen, die sich als Schauspieler verstanden. Von einer brillanten Virtuosität und einem fundierten Können unter ersten "Chefs" der Commedia dell'Arte-Truppen oder unter Theaterleitern wie Shakespeare oder Molière bis hin zu schrecklichen Schmierenkomödianten in drittklassigen Wandertruppen muss es laut zeitgenössischen Berichten alle Abstufungen gegeben haben. Eine Ausbildungsstätte für Berufsschauspieler existierte noch nicht. Es kam auf die Qualität und das künstlerische Format des einzelnen Direktors an, ob ein begabter junger Schauspieler richtig gefördert wurde oder nicht. Der eine oder andere dieser Prinzipale nahm sich die Mühe, Erfahrungen schriftlich niederzulegen, so dass Autodidakten Gelegenheit hatten, sich theoretisches Rüstzeug für den Beruf anzueignen.

Manch ein Schauspieler oder Autor - so auch Molière und Racine - verdankte erste wesentliche Theater-Impulse der Zugehörigkeit zu einer Ordensschule. Das Schultheater indes - naturgemäss mit akademischem Einschlag - produzierte in der Regel gehobenes Amateurtheater. Während man im Ordenstheater noch am alten Brauch festhielt, weibliche Rollen durch Knaben darstellen zu lassen, so hatte sich im Berufstheater der Barockzeit die Frau als Darstellerin voll durchgesetzt. Dies gilt weniger eindeutig für die Gattung Oper. Zwar traten von Anfang an Primadonnen auf, die sehr verehrt wurden und hohe Gagen verdienten; man liess aber daneben weibliche Partien auch von Kastraten singen.

Barocke Kostüme

Barock im Sinne der bildenden Kunst ist eine dynamische Weiterführung der wohl abgewogenen, mitunter majestätisch schlichten Formen der Renaissance: die Strukturen werden mehrfach unterteilt, ornamental verziert; Ecken und winklige Kanten werden durch Rundungen ersetzt. Deutlich im Barock ist die sinnliche Vergegenwärtigung diesseitiger Freuden und ihrer Gefahren. Der verunsicherte barocke Mensch wendet sich wieder den spätmittelalterlichen Allegorien zu; er bringt sie in Verbindung mit der in der Renaissance wiederentdeckten Götterwelt der Antike. All dies wird in den ausgesprochen prunkvollen, reich verzierten Kostümen der Hoffeste und Opernaufführungen augenfällig.

Dynamische Bühnenbilder, dynamische Beleuchtung

"Nymphengrotten", "Kerker", "Palastsaal", "Liebliche Gegend" - in vollendeter Zentral-perspektive gemalt - waren Bilder, die dank dem Kulissensystem auf einer Barock-bühne in rascher Folge herbeigezaubert werden konnten. Allerlei Flugmaschinen, auf denen ganze Engelchöre Platz fanden, Feuerwerkseffekte, Auftritte aus Versen-kungen des Bühnenbodens und Ver-schwinden darin oder bewegliche Wellen des Meeres waren für barocke Bühnen-bildner keine Hexerei. Eine im Barock - vor allem in den Jesuiten-Stücken - häufig angewandte dramaturgische Technik ging vom Einsatz eines Zwischenvorhanges auf der Bühne aus: während man eine Szene vor dem Zwischenvorhang spielte, konnte hinter diesem der Schauplatz für das nach-folgende Bild umgebaut werden. Dieses Prinzip hatte sich aus der noch im Barock oft geübten Praxis der Intermedien (szenische Zwischenspiele) entwickelt.

Das bühnentechnische Handbuch des Szenikers *Niccolo Sabbatini* (1574 - 1654), "Pratica di fabricar scene e macchine ne' teatri" beschrieb zahlreiche Verfahren für szenische Effekte, u.a. auch die Anordnung von Kerzen und Öllampen an der Rampe, seitlich und oberhalb des Bühnenrahmens sowie in den Kulissengassen. Sabbatini skiz-zierte auch ein Verfahren zur Steuerung des Bühnenlichtes: Blechzylinder wurden mittels Schnurzügen über die brennenden Lichter gestülpt (Verdunkelung) und im Bedarfsfall wieder angehoben (Aufhel-lung). Das Licht als dramaturgisches Mo-ment wurde entdeckt und entsprechend illusionsfördernd angewandt.

Publikum:
Sehen und Gesehen-Werden

Zu den Opernaufführungen an grossen Fürstenhöfen und in den Tagungsräumen der Gelehrten-Akademien war jeweils nur ein Kreis von geladenen Gästen zugelassen. Zuerst änderte sich dies in Italien, als in der Mitte des 16. Jahrhunderts in Venedig erste öffentliche Opernhäuser gebaut wurden. Jedermann durfte gegen Entgelt an den Aufführungen teilnehmen. Logen konnten für einige Vorstellungen, für die ganze Saison, lebenslang oder gar vererbbar gemietet werden, womit ein Vorläufer des modernen Abonnementssystems gefunden war.

Den Zuschauerraum pflegte man während der Vorstellung nicht ganz abzudunkeln, damit die meist in der zentralen Loge des ersten Ranges sitzenden Fürstlichkeiten, die adeligen und die reichen Theaterbesucher gesehen werden konnten. Sie mussten Gelegenheit haben, vor allem ihre erlesene Garderobe zur Schau zu stellen. Besucher des Parketts und des obersten Ranges (Galerie) gehörten meist unteren Sozialschichten an; sie mussten mit Stehplätzen vorlieb nehmen. In der Shakespeare-Bühne und in den spanischen "corrales" (Höfe) kam es bei den Parkettbesuchern öfter zu den durch die Darsteller gefürchteten heftigen, manchmal handgreiflichen Reaktionen.

18. Jahrhundert

18. Jahrhundert: Rundgang

Am Anfang des 18. Jahrhunderts veränderte sich das Weltbild. Da nun die Vernunft, die Ratio, das leitende weltanschauliche Prinzip wurde, ging man davon aus, der Mensch könne durch Erziehung beeinflusst und verändert werden. So wurde schon zu Beginn des Jahrhunderts dem Theater eine moralische Funktion zugeschrieben, wie Sie es dem Zitat des französischen Philosophen und Dramatikers Voltaire entnehmen können, das über dem Wandbuch im spitzen Winkel des dreieckigen Raums angebracht ist:

«Ich betrachte die Tragödie
und die Komödie als
Lektionen der Tugend
und der Wohlanständigkeit»

Wenn Sie sich der Wand rechts vom Wandbuch zuwenden, finden Sie Informationen zu den Wandertruppen und der Figur des Hans Wurst. In Deutschland wurde das Theaterwesen hauptsächlich von freien Wandertruppen bestritten. Deren Schauspieler wurden meistens nur für sechs Monate engagiert. Die Gagen waren, mit wenigen Ausnahmen, im Vergleich zu Handwerkerlöhnen sehr niedrig. Sie sehen ein Porträt von Karoline Neuber, einer berühmten Prinzipalin und Schauspielerin der damaligen Zeit. Sie setzte sich als Gegnerin der seichten Hans-Wurstiaden erfolgreich für ein literarisch gehobenes Theater ein.

Auf den Bühnen mancher Wandertruppen trieb Hans Wurst, ein süddeutsch-österreichischer Verwandter des Arlecchino, seine derben Späs-se. Weil für die damalige Obrigkeit diese Darstellungen mit der Zeit den Rahmen des sittlich-verantwortbaren überschritten, verbot der österreichische Kaiser das Stegreifspiel. Sie sehen die Darstellung einer Lustspielszene mit Hans Wurst als Porträtmaler auf einer bürgerlichen Kulissenbühne.

In Leipzig wandte sich der Literaturprofessor Johann Christoph Gottsched gegen das oberflächliche, unwahrscheinliche, primitiv-komische Unterhaltungstheater und gegen die Unnatürlichkeit der Oper. «Das Vernünftige ist zugleich das Natürliche» war sein Leitsatz. Der Dramatiker sollte sich an die Gesetze der Einheit der Handlung, des Ortes und der Zeit halten, ebenso an das aufklärerische Moralprinzip. Sie sehen eine Abbildung von Johann Gottsched und seiner Frau Luise. In seinem mehrbändigen Werk «Deutsche Schaubühne» gab er verschiedene Theaterstücke der damaligen Zeit heraus und setzte dadurch einen entscheidenden Impuls für die Weiterentwicklung des Theaters im 18. Jahrhundert.

1767 wurde in Hamburg das Nationaltheater eröffnet, das durch ein Konsortium von zwölf Hamburger Bürgern, der «Hamburger Entreprise», gepachtet wurde. Sie beriefen den Dichter Gotthold Ephraim Lessing als dramaturgischen Konsulenten an ihr Theater, der zur Eröffnung der Bühne eine Publikation ankündigte, die «Hamburgische Dramaturgie», die ein kritisches Register und Analysen aller Aufführungen enthalten sollte. Sie sehen ein Porträt von Gotthold Ephraim Lessing und das Titelblatt seiner «Hamburgischen Dramaturgie» sowie eine Abbildung des Theaters am Gänsemarkt in Hamburg.

Rechts davon finden Sie Informationen zu Goethe als Theaterdirektor in Weimar. 1771 wurde Johann Wolfgang von Goethe von Herzog Carl August als Oberdirektor an das Hoftheater von Weimar berufen. Er war schon früher als Dichter, Regisseur und Schauspieler in der Weimarer Hofgesellschaft bekannt gewesen und hatte in diesem Theater auch seine eigenen dramatischen Werke aufgeführt. Goethe nahm nicht nur eigene Werke in seinen Spielplan auf, sondern er liess auch viele seiner Zeitgenossen zu Worte kommen; denn er wollte in Weimar «Welttheater» machen. Sie sehen die Abbildung des Weimarer Hoftheaters zur Zeit Goethes und eines Szenenbildes aus «Wallensteins Lager» von Friedrich Schiller, das anlässlich der Eröffnung des umgebauten Weimarer Theaters uraufgeführt wurde.

Hier folgen Informationen zur «Bedeutung des Schweizer Volkstheaters»: das Ordenstheater hatte in der Aufklärung seinen Höhepunkt überschritten; die Pflege des Volkstheaters lebte aber in der Schweiz weiter. Inhaltlich setzte sich nach und nach ein neues aufgeklärtes Welt- und Geschichtsbild durch. Sie sehen dazu die Abbildung der «Dreikönigsspiele» in Freiburg und der tänzerischen Darbietung der «Schlacht bei Laupen» vor dem Rathaus in Bern.

An der nächsten Wand finden Sie Erläuterungen zum Thema «Wandertruppen in der Schweiz». Auf einer Landkarte sehen Sie die

Auftrittsorte deutscher, italienischer und französischer Wandertruppen. Einzelne dieser Truppen bestanden aus Kindern. Sehr beliebt und bekannt waren die Aufführungen der Ackermann'schen Truppe, die, wie die Aufführungen anderer Truppen, von pietistischen Kreisen in Zürich und Bern heftig bekämpft wurden.

In der Mitte des Raumes steht das Modell des «Hôtel de Musique» in Bern, das 1767 durch den Architekten Niklaus Sprüngli im Stil der Zeit errichtet wurde *(siehe nebenstehende Fotografie)*. 1903 wurde das neue Stadttheater am Kornhausplatz eröffnet. Im selben Jahr riss man die alte Theateranlage aus dem auch heute noch bestehenden Stadtpalais heraus. Rechts neben der Übersichtskarte zu den Wandertruppen in der Schweiz finden Sie eine Ansicht des «Hôtel de Musique» (Seite Hotelgasse) sowie einen Schnitt und einen Grundriss des Gebäudes.

In Genf erliess die calvinistische Obrigkeit ein Theaterverbot, das Voltaire, der Gutsherr in Ferney bei Genf war, übertrat. Er lud bekannte Schauspieler der Comédie Française auf sein Landgut ein, wo sich ein zahlreiches Genfer Publikum einfand. Dies führte zum Genfer Theaterstreit. Sie sehen rechts vom Eingang Voltaire abgebildet, wie er mit dem Schauspieler Lekain die Rolle des «Mahomet» einstudiert.

Modell im Massstab 1 : 15 des alten Berner Stadttheaters im «Hôtel de Musique»; Rekonstruktion von Paul Hofer (1952)

Im bürgerlichen Theater der Aufklärung traten die Effekte raffinierter Bühnenmaschinen und prunkvoller Bühnenbilder zurück zugunsten der individuellen Höchstleistung des einzelnen Schauspielers. Nicht mehr die pathetische Deklamation war gefragt, wohl aber Wahrhaftigkeit beim Sprechen, Echtheit in Gefühl und mimischem Ausdruck. Sie sehen zwei berühmte Darsteller abgebildet: Mademoiselle Clairon, Mitglied der Comédie Française, und den englischen Shakespeare-Darsteller David Garrick.

Wie die anderen Bereiche der Kultur wurde auch die Theaterarbeit theoretisch untersucht und schriftlich dokumentiert, was den rationalistischen Tendenzen des 18. Jahrhunderts entsprach. Der deutsche Dramatiker Joseph Franz von Goetz verfasste beispielsweise ein umfangreiches illustriertes Regieprotokoll zur Uraufführung seines Melodramas «Leonardo und Baldine».

Weiter folgen Informationen zum Opernschaffen im 18. Jahrhundert. Drei grosse Meister sind hier stellvertretend für viele andere zu nennen: Christoph Willibald Gluck, der in Wien und Paris das durchkomponierte musikalische Drama schuf, in dem die Musik Leidenschaft ausdrücken durfte. Joseph Haydn, der nach dem Vorbild von Giovanni Pergolesis «La serva padrona» zahlreiche «Opere buffe» (komische Opern) schrieb und Wolfgang Amadeus Mozart,

der an die «Opera buffa» anknüpfte und der beim Komponieren seiner musikalischen Charakterdramen zunächst italienische Libretti vertonte. Sie sehen eine Abbildung zu Gluck's «Alkestis» und von Mozart's «Die Zauberflöte». Auf einer weiteren Darstellung sitzt Joseph Haydn bei einer Opernaufführung am Cembalo.

Auch beim Ballett setzte eine Weiterentwicklung ein, die weg vom starren, geometrisch-symmetrischen Bühnentanz zu einem leidenschaftsbetonten Handlungstanz führte. Einer der bedeutendsten Choreographen und Ballett-Theoretiker, der diese Richtung vertrat, war Jean-Georges Noverre. Sie sehen eine Abbildung seines Porträts und eines «pas de trois» in der Pariser Oper.

Im Unterschied zum bürgerlichen Theater war das Theater an den absolutistischen Fürstenhöfen bis weit ins 18. Jahrhundert hinein konservativ. Aufwendige Bühnenbilder, Kostüme und zahlreiche Bühnenmaschinen, wie sie im Barock verwendet wurden, waren nach wie vor beliebt. Sie sehen die Abbildung einer Szene aus Giuseppe Galli-Bibiena's «Angelica vincitrice di Alcina» und einer Aufführung der «Schouwbourg» in Amsterdam.

Weitere Erläuterungen zum Theater des 18. Jahrhunderts finden Sie im schon erwähnten Wandbuch.

Moralische Wochenschriften verbreiten die Gedanken der Aufklärung

Eine wesentliche geistige Strömung des 18. Jahrhunderts war die *Aufklärung.* In dieser Bewegung galt die menschliche Vernunft als Mass aller Dinge. Aufklärerisches Denken wurde unter anderem über die sogenannten «Moralischen Wochenschriften» verbreitet.
In England, wo diese Schriften zuerst erschienen, hiessen sie beispielsweise *Tatler* (= «Plauderer»), *Spectator* (= «Beobachter»), und *Guardian* (= «Wächter»). Sie trugen mit ihren Abhandlungen, Glossen, Genrebildern zur Schärfung des Urteilsvermögens und zur Bildung einer Gesellschaftskritik bei.

Regeln für die Schauspielkunst

Weg von der pathetischen Deklamation, hin zu mehr Wahrhaftigkeit beim Sprechen, Echtheit im Gefühl und im mimisch-gestischen Ausdruck waren Forderungen der Zeit.

Konrad Ekhof (1720 - 1778) gründete 1753 in Schwerin eine - leider nur kurzlebige - Schauspieler-Akademie, deren Ziele er in 24 Artikeln festhielt. Auch Goethe hielt Regeln für Schauspieler fest. Diese 91 Paragraphen beinhalten die klassische Spielweise, in der es um 'ein Ebenmass von Grazie und Würde'

ging, 'um das Malerische des Spiels', um den Leitgedanken der stilisierenden Tableau-Bildung. Goethes Regeln erstaunen uns heute durch den Formalismus der Haltungs- und Bewegungsvorschriften, die er indes im Artikel 90 selbst relativiert: 'Alle diese technisch grammatischen Vorschriften mache man sich eigen nach ihrem Sinne und übe sie stets aus, dass sie zur Gewohnheit werden. Das Steife muss verschwinden und die Regel nur die geheime Grundlinie des lebendigen Handelns werden.'

Neues Ziel im Kostümwesen: Wahrscheinlichkeit

Das reich verzierte Barock- und Rokoko-kostüm, das beim Publikum sehr beliebt war, hielt sich auf der Bühne noch lange, vor allem im Bereich des Musiktheaters.

Voltaires und Diderots Forderung nach 'vraisemblance' (Wahrscheinlichkeit) setzte sich nur mühsam durch. Erst in der Mitte des

Jahrhunderts begann man beispielsweise an der Comédie Française Kostüme auf Milieu, Ort und Zeit der dargestellten Handlungen abzustimmen.

Die Gesichter der Darsteller schminkte man der jeweiligen Rolle gemäss.

Suchen Sie weitere "Aufklärung" zum Theater des 18. Jahrhunderts?

Das Wand-Buch enthält Bemerkungen zu den Rubriken:

Moralische Wochenschriften verbreiten die Gedanken der Aufklärung

Eine wesentliche geistige Strömung des 18. Jahrhunderts war die *Aufklärung*. In dieser Bewegung galt die menschliche Vernunft als Mass aller Dinge. Aufklärerisches Denken wurde unter anderem über die sogenannten *Moralischen Wochenschriften* verbreitet. In England, wo diese

Schriften zuerst erschienen, hiessen sie beispielsweise "Spectator" (= "Beobachter"), "Tatler" (= "Plauderer"), und "Guardian" (= "Wächter"). Sie trugen mit ihren Abhandlungen, Glossen, Genrebildern zur Schärfung des Urteilsvermögens und zur Bildung einer Gesellschaftskritik bei.

Suchen Sie weitere
«Aufklärung» zum Theater
des 18. Jahrhunderts?

Das Wand-Buch enthält
Bemerkungen zu
folgenden Rubriken:

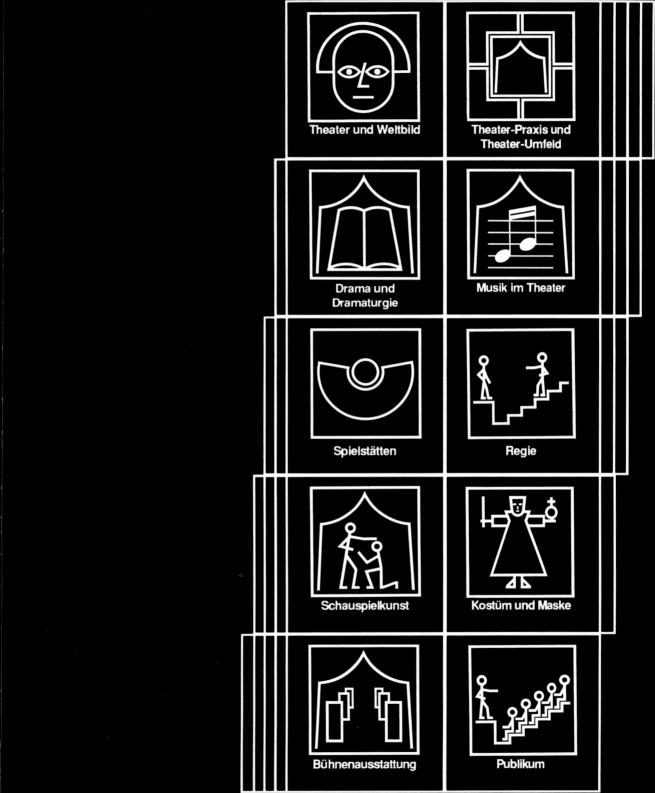

Theater und Weltbild

Theater-Praxis und
Theater-Umfeld

Drama und
Dramaturgie

Musik im Theater

Spielstätten

Regie

Schauspielkunst

Kostüm und Maske

Bühnenausstattung

Publikum

Theater als moralische Anstalt

Wer das Heil in der Vernunft sucht, glaubt an die Veränderbarkeit des Menschen. So wies man schon zu Beginn des Jahrhunderts dem Theater eine moralische Funktion zu: «Ich betrachte die Tragödie und die Komödie als Lektionen der Tugend und der Wohlanständigkeit», erklärte der französische Philosoph und Dramatiker Voltaire. Noch 1776 stellte Kaiser Joseph II. seinem Hoftheater in der Wiener Burg die Aufgabe, "zur Verbreitung des guten Geschmackes und zur Veredelung der Sitten" beizutragen. Im berühmten Aufsatz "Die Schaubühne als moralische Anstalt betrachtet", 1785 in Mannheim erschienen, charakterisiert Schiller das Theater als «eine Schule der praktischen Weisheit, einen Wegweiser durch das bürgerliche Leben, einen unfehlbaren Schlüssel zu den geheimen Zugängen der Seele». Er hielt in der Abhandlung auch fest: «Die Gerichtsbarkeit der Bühne fängt an, wo das Gebiet der weltlichen Gesetze sich endigt». Das Theater wurde zum Podium der neuen Selbsterkenntnis, aber auch zum Gegenstand vielfältiger gelehrter Auseinandersetzungen.

Theater für das Bürgertum

Das ökonomisch und kulturell aufsteigende Bürgertum, welches von den höfischen Theaterveranstaltungen mehr oder weniger ausgeschlossen blieb, forderte ein eigenes Theater. Dieses sollte nicht ein festlich dekoratives, sondern ein aussagekräftiges Schauspieltheater sein, welches zur Verbesserung der Sitten sowie zur allgemeinen Aufklärung beitragen konnte und das in der Lage war, die je eigene Lebensweise eines Landes zu spiegeln. In diesem Sinne ist die Forderung nach einem subventionierten Nationaltheater zu verstehen, die u.a. in Deutschland und in Österreich aufkam. Derartigen Zielen näherte man sich erst in der zweiten Hälfte des 18. Jahrhunderts, so in Hamburg, Mannheim und Wien.

Dramaturgie: Das Vernünftige als das Natürliche

Eine rasch zunehmende Fülle theoretischer Schriften zum Theater und zum Drama im 19. Jahrhundert ist typisch für den Rationalismus der Epoche. In ihrem Trend lag neben dem Moralprinzip die Forderung nach Wahrscheinlichkeit in der Literatur, die Nicolas Boileau schon 1672 in seiner "Art poétique" erhoben hatte. Einen wesentlichen Schritt auf mehr theatrale Wahrscheinlichkeit zu tat Denis Diderot (1713 - 1784), als er sein bürgerliches Drama "Père de famille" nicht in Versen, sondern in der Prosa des Alltags schrieb. Pierre de Marivaux (1688 - 1763) verfasste seine psychologisch differenzierten Lustspiele um Liebe und Liebesleid ebenfalls in Prosa, wogegen Voltaire (1694 - 1778) seine szenisch effektvollen Dramen in Versform (Alexandriner) abfasste. Pierre Augustin Caron de Beaumarchais (1732 - 1799) verspottete ihn deswegen in der Komödie "Der Barbier von Sevilla", welche Rossini später vertonte. Im Lustspiel "Der tolle Tag", die spätere Vorlage zu Mozarts "Figaros Hochzeit", stiess er die hergebrachten Rangordnungen um, indem er zur Hauptfigur des Stückes einen Barbier machte, der seinem Herrn, einem Grafen, und anderen Vertretern der Feudalgesellschaft Lehren erteilt. Zurecht zählt man Beaumarchais zu den geistigen Vorbereitern der Französischen Revolution.

Mit der klassizistischen Dramaturgie der Franzosen setzte sich Gotthold Ephraim Lessing (1729 - 1781) kritisch auseinander. Aufgrund der dabei gewonnenen Erkenntnisse schuf er vollendete Dramen, die häufig in heutigen Spielplänen erscheinen. Goethe und Schiller waren in jüngeren Jahren - beeinflusst von Shakespeares dynamischer Dramaturgie - "Stürmer und Dränger" gewesen (vgl. z.B. Goethes "Goetz von Berlichingen" oder Schillers "Die Räuber"). Nach ihnen wohl der bedeutendste Vertreter dieser revoltierenden Bewegung war Jakob Michael Reinhold Lenz (1751 - 1792). Goethe und Schiller, die damals führenden deutschen Dramatiker, wandten sich gegen Ende des 18. Jahrhunderts klassischen Gestaltungsprinzipien zu.

Die Oper nimmt an Bedeutung zu

Eine musikalische Partitur legt ihre Aufführung entschieden exakter fest als eine textliche Spielvorlage. Dies mag unter anderem der Grund dafür sein, dass die Aufführungspraxis im Musiktheater weit eher zum Konservatismus neigt als im Sprechtheater, dass Oper und Ballet seit jeher die Vorzugsgattung traditionalistischer Kreise sind. Während sich im 18. Jahrhundert der musikalische Stil von der barock-kontrapunktischen Harmonik wandelte, hielt sich die Aufführungspraxis der Oper an traditionelle Formen. Auch im Zeitalter der Ratio blieb Vernunft ein untergeordneter Faktor der Oper. Rokokohaft überhöhter Maschinenzauber und die entsprechende Kostümpracht hielten sich in dem von Fürstenhöfen finanzierten Musiktheater noch lange. Das will nicht heissen, dass es auf dem Gebiet der Oper keine Neuerungen gegeben hätte: Während in London Georg Friedrich Händel (1685 - 1759) die traditionelle Musikszene beherrschte, komponierte John Christopher Pepusch John Gays

"The Beggar's Opera" (" Die Bettleroper", 1728). Es war das erfolgreichste satirische Singspiel des Jahrhunderts. Gay und Pepusch parodierten auf freche Weise den pathetischen Stil der Händel-Opern, den Gefühls-Heroismus und die bürgerliche Sentimentalität zeitgenössischer Libretti. Mit seinem Wechsel zwischen Lied und Dialog nahm das Werk die Form des deutschen Singspiels vorweg, das in Wolfgang Amadeus Mozarts (1756 - 1791) "Entführung aus dem Serail" epochemachende Vollendung fand. Auf dem Pariser Théâtre de la Foire entstand als Entsprechung zur "Bettleroper" das kabarettistisch gefärbte Vaudeville, aus welchem sich die zärtlich-galante "Opéra comique" entwickelte. Beherrscher des französischen Musiktheaters des mittleren 18. Jahrhunderts war Jean-Philippe Rameau (1683 - 1764). Er verstand es, durch Nuancierung von Harmonie, Rhythmus und Melodie die französische Oper auf internationales Niveau zu heben.

Traditionelle Formen des Theaterbaus

Es waren bürgerliche Kräfte, die im 18. Jahrhundert überall in Europa eine rege Theater-Tätigkeit herbeiführten. Dennoch blieb die im Barock vorgeformte höfische Architektur: ein hufeisenförmiger, mit mehreren Logenrängen und einer zentralen Fürstenloge versehener Zuschauerraum unterstrich nach wie vor ständische Unterschiede innerhalb des Publikums. Auch die Struktur der Guckkastenbühne mit einem prunkvoll gestalteten Bühnenrahmen (Portal) hielt sich nicht nur im 18. und im 19. Jahrhundert, sondern vielerorts bis in unsere Tage. Die Kulissenbühne war in der Aufklärungszeit technisch verfeinert worden, desgleichen die Bühnenbeleuchtung; bei dieser zeichnete sich sogar eine echte Reform ab: man verzichtete während der Vorstellung auf die Erhellung des Zuschauerraumes durch einen mächtigen Kronleuchter und versuchte die Bühnenbeleuchtung zu verstärken. Damit sollte eine bessere Konzentration des Publikums auf das Spielgeschehen erreicht werden.

In Brüssel eröffnete man um 1700 das Théâtre de la Monnaie. Damit setzte die lange Reihe imposanter öffentlicher Theaterbauten des 18. Jahrhunderts ein. Weitere Beispiele sind das Teatro Argentino in Rom, das Covent Garden und das Haymarket Theatre in London, die Grands Théâtres in Bordeaux und Lyon, die Königliche Oper in Kopenhagen, das Teatro San Carlo in Neapel oder das Gran Teatro del Liceo in Barcelona.

Unter den Schriften der Aufklärung: Regeln für den Regisseur

Unter den zahllosen aufgeklärten Schriften über das Theater finden sich auch solche über die Regie. Diderot beispielsweise schrieb Regeln für die Inszenierungsarbeit, wie sie in Goethes Weimarer Theaterstil verwirklicht wurden: «Man muss die Personen zusammensetzen, sie trennen oder zerstreuen, sie vereinzeln oder gruppieren und eine Reihe von Gemälden daraus machen, die alle von einer grossen und wahren Komposition sind. Wie nützlich könnte der Maler nicht dem Schauspieler und der Schauspieler nicht dem Maler sein! Das wäre ein Mittel, zwei wichtige Talente zugleich vollkommener zu machen.» Es ging demnach Diderot nicht um einen strengen Realismus. Durch Beachtung etwa von Symmetriegesetzen und kompositorischer Ausgewogenheit entstand eine Stilisierung, die zur gebundenen Sprache von Goethes Klassik passte.

Etwas anders sah es der hervorragende deutsche Schauspieler Konrad Ekhof (1720 - 1778); er hielt fest, man habe auf dem Theater durch Kunst der Natur so nahezukommen, «dass Wahrscheinlichkeiten für Wahrheiten genommen werden müssen, oder geschehene Dinge so natürlich wieder vorstellen, als wenn sie erst jetzt geschehen. Um in der Kunst zu einer Fertigkeit zu gelangen, wird eine lebhafte Einbildungskraft, eine männliche Beurteilungskraft, ein unermüdlicher Fleiss und eine nimmer müssige Uebung erfordert». Voltaire formulierte einfach und temperamentvoll: «C'est le coeur seul qui fait le succès ou la chute». Uebereinstimmend mit Forderungen Ekhofs hielt Voltaire auch fest: im Zusammenhang mit der Relation von Schauplatz und Spielablauf müsse der "Wahrscheinlichkeit" sorgfältig Rechnung getragen werden.

Wie in anderen grossen Zeiten des Theaters gab es auch im 18. Jahrhundert Dramatiker, welche ihre Werke selbst in Szene setzten. So tat es Goethe in Weimar. So beeinflusste Marivaux den Darstellungsstil der Comédie italienne (Commedia dell' Arte in Frankreich) seit 1720 wesentlich, indem er als Regisseur eigener Stücke den Kollegen Rollen daraus vorsprach und vorspielte.

Regeln für die Schauspielkunst

Weg von der pathetischen Deklamation, hin zu mehr Wahrhaftigkeit beim Sprechen, Echtheit im Gefühl und im mimisch-gestischen Ausdruck waren Forderungen der Zeit.

Konrad Ekhof (1720 - 1778) gründete 1753 in Schwerin eine - leider nur kurzlebige - Schauspieler-Akademie, deren Ziele er in 24 Artikeln festhielt. Auch Goethe hielt Regeln für Schauspieler fest. Diese 91 Paragraphen beinhalten die klassische Spielweise, in der es um "ein Ebenmass von Grazie und Würde"

ging, "um das Malerische des Spiels", um den Leitgedanken der stilisierenden Tableau-Bildung. Goethes Regeln erstaunen uns heute durch den Formalismus der Haltungs- und Bewegungsvorschriften, die er indes im Artikel 90 selbst relativiert: "Alle diese technisch grammatischen Vorschriften mache man sich eigen nach ihrem Sinne und übe sie stets aus, dass sie zur Gewohnheit werden. Das Steife muss verschwinden und die Regel nur die geheime Grundlinie des lebendigen Handelns werden."

Neues Ziel im Kostümwesen: Wahrscheinlichkeit

Das reich verzierte Barock- und Rokoko-kostüm, das beim Publikum sehr beliebt war, hielt sich auf der Bühne noch lange, vor allem im Bereich des Musiktheaters.

Voltaires und Diderots Forderung nach "vraisemblance" (Wahrscheinlichkeit) setzte sich nur mühsam durch. Erst in der Mitte des Jahrhunderts begann man beispielsweise an der Comédie Française Kostüme auf Milieu, Ort und Zeit der dargestellten Handlungen abzustimmen.

Die Gesichter der Darsteller schminkte man der jeweiligen Rolle gemäss.

Die Illusionsbühne hat ein zähes Leben

Bis in die Mitte des 18. Jahrhunderts gab es nur die Sonderform der Kulissenbühne; sie bestand vorne aus einem oft schmalen Realraum und hinten aus einem auf Tiefe abzielenden Illusionsraum. Dieser war beispielsweise durch die berühmte italienische Bühnenbildner-Dynastie der Galli-Bibiena winkelperspektivisch ausgestaltet worden; d.h. es gab nicht mehr bloss einen, sondern zwei oder drei Fluchtpunkte, so dass die perspektivisch gestalteten Architektur- und Landschaftselemente einen oder zwei auf den Zuschauer gerichteten Winkel bildeten.

Die Gegenbewegung, die auf eine wieder einfachere, übersichtlichere Raumgestaltung mit einem trapezförmigen Grundriss zielte, konnte sich - analog zur schwierigen Kostümreform - nur mühsam durchsetzen. Die dabei verwendeten Architekturelemente sind stilistisch erst dem Rokoko, später, gegen Ende des Jahrhunderts, dem Klassizismus zuzuordnen. An die historische Wirklichkeit von Schauplätzen angenäherte Bühnenbilder konnte man in der zweiten Hälfte des 18. Jahrhunderts in der Comédie Française sehen.

Die Wandertruppen, welche Kostüme, Requisiten und Bühnenbilder mit sich führten, waren auf wenige Grunddekorationen wie "Wald", "Zimmer", "Saal", "Strasse mit Häusern" angewiesen. Weitere Schauplätze konnten durch Absenken eines Zwischenvorhanges angedeutet werden.

Theaterbesuch aus Leidenschaft

Das Theater war nicht nur im höfischen Bereich, sondern auch für viele andere Besucher ein Amusement und eine Leidenschaft; man wollte an einem Abend zugleich lachen und sich ausweinen können. Dem aufsteigenden Bürgertum vermochte es Selbstbestätigung und Animation für die Forderung von humanen Rechten sein. Die Vorläufer unserer Theaterkritik sind, was nicht erstaunt, in der Aufklärung festzustellen; sie erschienen in den moralischen Wochenschriften.

Schwer tat man sich mit einer im Barock aufgekommenen Unsitte, die lange Zeit bei stehenden Theatern und bei Wanderbühnen üblich war: man stellte Theaterbesuchern gegen ein erhöhtes Eintrittsgeld zu beiden Seiten auf der Bühne plazierte Stühle zur Verfügung. Dass Konzentration und Bewegungsfreiheit der Schauspieler darunter erheblich zu leiden hatten, wusste man sehr wohl. Es gelang aber z.B. Voltaire erst 1759, das Übel in der Comédie Française endgültig zu beseitigen, indem er einen reichen Adeligen zur Spende eines hohen Geldbetrages bewog, damit die Theaterleute die zu erwartende Kasseneinbusse auffangen konnten.

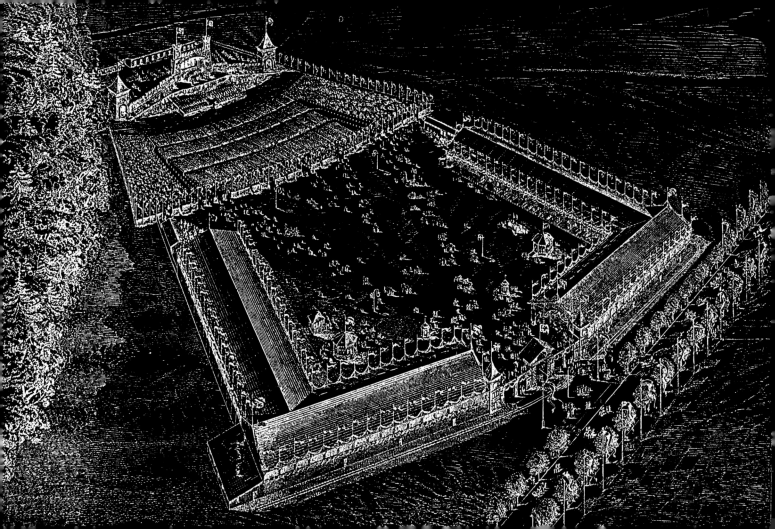

19. Jahrhundert: Rundgang

 Wenn Sie rechts am Präsentationsmedium der Barock-Epoche, am grossen Kulissen-Modell, vorbeigehen, gelangen Sie in den Ausstellungsraum «19. Jahrhundert». Über dem Eingang zum letzten Raum können Sie als Einleitung zum 19. Jahrhundert ein Zitat von Giuseppe Verdi lesen, der ein Vertreter des neu aufgekommenen Realismus war:

> «Die Wirklichkeit zu kopieren
> kann etwas Gutes sein,
> aber Wirklichkeit zu erfinden, ist
> besser, viel besser!»

Rechts vom Durchgang finden Sie Informationen zu Zentren der deutschen Klassik. Ausser in Weimar, wo Goethe Theaterdirektor war, gab es damals noch weitere bedeutende Theater: besonders erwähnenswert ist das Königlich-preussische Nationaltheater in Berlin, wo unter der Leitung von August Wilhelm Iffland grosses Gewicht auf effektvolle Ausstattung gelegt wurde. Sehr bekannt war auch das Burgtheater in Wien, wo unter dem Leiter und Dramaturgen der kaiserlichen Bühne, Joseph Schreyvogel, die Schauspieler ihre Rolle «von innen her» darstellen sollten.

Im 19. Jahrhundert stand das Theater sehr stark unter dem Einfluss der Romantik. Die beiden Dichter August Wilhelm Schlegel und Ludwig Tieck übersetzten Shakespeare, dessen Werke infolge dieser «romantisierenden» Nachschöpfung ausserhalb Englands sehr beachtet und in die Spielpläne vieler europäischer Theater aufgenommen wurden. Sie sehen dazu die

Abbildung einer Szene aus Shakespeares Drama «Was ihr wollt» im Theater von Düsseldorf. Grossen Anklang fanden Shakespeares Dramen bei Madame de Staël, die in ihrem Schloss Coppet am Genfersee einen literarischen Salon führte, in dem sich das gebildete Europa traf.

Die Originalwerke der meisten romantischen Dichter indes fanden wenig Beachtung im Theater. Ausnahmen bildeten die Dramen des Franzosen Victor Hugo und der Russen Alexander Puschkin und Nikolaj Gogol. Sie sehen Skizzen aus einem Regiebuch zu Victor Hugo's Drama «Hernani».

Die Oper, durch die Musik besonders geeignet zum Ausdruck von Emotionen, war noch in der 2. Hälfte des 19. Jahrhunderts von der Romantik beeinflusst. Daneben trat auch das realistische Moment auf, z.B. bei Richard Wagner, in dessen Gesamtkunstwerk das Orchester die Funktion des antiken Chores übernahm. Wagner ordnete den einzelnen Figuren und Handlungselementen musikalische Leitmotive zu. Giuseppe Verdi's Bühnengestalten wirkten durch ihre musikalisch-psychologische Charakterisierung sehr realistisch. Sie sehen dazu je ein Porträt von Richard Wagner und von Giuseppe Verdi; ausserdem die Abbildung eines Bühnenbildes aus Wagners «Die Meistersinger von Nürnberg» und ein Rollenbild des «Falstaff» aus Verdis gleichnamiger Oper.

Ein besonderes Zentrum des realistischen Theaters war die kleine Residenzstadt Meiningen, wo Herzog Georg II. mit seiner Frau, der Schauspielerin Ellen Franz, ein Mustertheater aufbaute. Er veranlasste, dass Bühnenbilder und Kostüme den historischen Gegebenheiten entsprachen, und die einzelnen Rollen realitätsgetreu dargestellt wurden. Durch zahlreiche Gastspielaufführungen klassischer Werke wurde er wegen seines historisierenden Regiestils in der damaligen Theaterwelt bekannt. Als Illustrationen dazu sehen Sie zwei Szenen aus den beiden Werken «Romeo und Julia» und «Don Juan und Faust», die 1897 in Meiningen von Herzog Georg II. inszeniert wurden. Bei der Gestaltung des Bühnenbildes wich er vom klassischen Prinzip der Symmetrie ab, da seiner Ansicht nach die Asymmetrie den optischen Reiz erhöhte. Nicht nur bei der Bühnenausstattung und den zahlreichen Proben, sondern auch bei der Auswahl der Schauspieler wendete er strenge Kriterien an: nur begabte Künstler wurden engagiert und mussten bereit sein, nicht nur als Hauptdarsteller, sondern auch als Statisten aufzutreten. Sie sehen Josef Kainz als Hamlet abgebildet. Kainz, der später weltberühmte Schauspieler, war in jungen Jahren in Meiningen engagiert.

Gegenüber, an der Seitenwand des «Schnürboden»-Modells, folgen Informationen zu Ferdinand Raimund und Johann Nestroy. Beide waren erfolgreiche Dramatiker und erstklassige Schauspieler des Wiener Biedermeier; ihre Werke werden noch heute aufgeführt. Sie zeichnen sich durch eine kritische, psychologisch fundierte und zugleich poetische Darstellung menschlicher Archetypen aus. Nestroys Werke sind allerdings ironischer und satirischer als diejenigen Raimunds, und er wird als «Wiener Aristophanes» bezeichnet.

Wenn Sie sich nun nach rechts wenden, sehen Sie drei Papiertheater mit entsprechenden Legenden. Sie waren beliebte Kinderspielzeuge und wurden oft realen Theatern nachgebildet: Theaterarchitekten und Bühnenbildner überliessen nicht selten ihre Entwürfe den Papiertheater-Verlegern, welche sie als originalgetreue Wiedergaben veröffentlichten. Dadurch sind die Papiertheater als Quellen für die Theatergeschichte von grossem Wert.

An der Wand rechts neben den Papiertheatern finden Sie Erläuterungen zu ersten stehenden Theatern und zu den Festspielen in der Schweiz.

Im Verlaufe des 19. Jahrhunderts löste das bürgerliche Stadttheater als stehende Berufsbühne die Aufführungen der Patrizier und Jesuiten ab. Unter dem Einfluss des Liberalismus wurde das Theater in protestantischen Kreisen sehr gefördert. Man erkannte die Möglichkeit, durch dieses Medium liberales Gedankengut in einprägsamer Weise zu verbreiten. Der bedeutendste Theaterdirektor in der Schweiz war im 19. Jahrhundert eine Frau: Charlotte Birch-Pfeiffer, die von 1838 bis 1843 das Zürcher Aktientheater leitete. 1850 bis 1854 wirkte dort Richard Wagner als musikalischer Berater und Kapellmeister. In dieser Zeit führte er seinen «Fliegenden Holländer» und seinen «Tannhäuser» mit grossem Erfolg auf. In der Schweiz erhielten die Theater erst ab Mitte des 19. Jahrhunderts Subventionen der Gemeinwesen ausbezahlt; in Bern handelte es sich um einen Betrag von 1'600 Franken, in Zürich und Basel von je 2'500 Franken pro Jahr.

Weiter sehen Sie verschiedene Abbildungen zu Festspielen in Sempach, Bern und Schwyz. Diese neue Gattung entwickelte sich aus dem alten Volks- und Ordenstheater, das im katholischen Teil der Schweiz erhalten blieb und im protestantischen Gebiet unter dem Einfluss des Berufstheaters erneuert wurde.

Schon in der Romantik wurden verschiedene hervorragende Schauspieler als Bühnen-«Stars» gefeiert. In England war es Edmund Kean, der sich als Titelheld in Shakespeare's Dramen auszeichnete. In Deutschland bewunderte man Ludwig Devrient, dessen Spiel in seiner «Leidenschaftlichkeit als lodernde Flamme» empfunden wurde. Sie sehen Ludwig Devrient als König Lear und Edmund Kean als Othello.

Dieser Wand gegenüber finden Sie in dem grossen Modell der «Schnürbodenbühne» auf fünf Prospekten weitere Hinweise zum Theater des 19. Jahrhunderts. Ziehen Sie am entsprechenden Seil!

Der Schnürboden bringt
neue Verwandlungsmöglichkeiten

Bereits im Barock war es möglich, die in den Kulissen-Gassen quer über die Bühne hängenden, bemalten Stoffbahnen, die *Soffitten,* durch Hochziehen und Absenken auszuwechseln (z.B. Balken-Soffitten eines «Saales» gegen Wolken-Soffitten eines «Freien Feldes»). Um Prospekte (Bühnenhintergründe aus bemalter Leinwand), Zwischenvorhänge und andere Hängeteile auf diese Weise erscheinen und verschwinden zu lassen, musste man den Innenraum des Bühnenhauses mindestens doppelt so hoch bemessen wie den Bühnenrahmen (Öffnung des Guckkastens). 1820 erfand der Mannheimer Bühnentechniker *Joseph Mühldorfer* den heute an manchen Bühnen noch gebräuchlichen Schnürbodenzug mit Gegengewicht. Dieser erlaubt es einem Mann, auch schwere Hängestücke auf und ab zu bewegen.

Dramatiker des 19. Jahrhunderts

Hält man fest, welche im 19. Jahrhundert schaffenden Dramatiker heute noch gespielt werden, so sind die deutschen Klassiker *Goethe* und *Schiller* an erster Stelle zu nennen.

Wie *Heinrich von Kleist* nicht eindeutig der deutschen Klassik zuzuordnen ist - sein Werk hat mit der Betonung gefühlsmässiger Aspekte einen romantischen Einschlag, so sind die deutschen Dramatiker *Georg Büchner* (1813 - 1837) und *Christian Dietrich Grabbe* (1801 -1836) nicht einfach als Realisten zu bezeichnen. Ähnliches gilt für die Österreicher *Franz Grillparzer* (1791 - 1872), *Ferdinand Raimund* (1790 - 1836) und *Johann Nestroy* (1801 - 1862), die u.a. auch dem biedermeierlichen Denken (Traditionsbewusstsein, bescheidene Innerlichkeit) verpflichtet sind. Als eigentlichen Realisten kann man den Deutschen *Friedrich Hebbel* (1813 - 1863) ansehen. Seine Grundthese ist: dass dem Menschen Tragisches zustösst, liege in seiner Existenz begründet.

Der Franzose *Alexandre Dumas d.J.* kritisiert in seinen Theaterstücken "Le demi-monde" und "Le fils naturel" das damalige Bürgertum, dessen Skrupellosigkeit, Geld- und Lebensgier, dessen unechte Gefühle, Vorurteile und veraltete Konventionen. Das realistische Drama wandte sich aber auch der Geschichte zu, um auch hier Wesen und Eigenart des Menschen zu ergründen. *Eugène Scribe* (1791 - 1861), *Eugène Labiche* (1815 - 1888), *Victorien Sardou* (1831 - 1908) und *Georges Feydeau* (1862 - 1921) gelten als heute vielgespielte Klassiker des kritischen *Boulevard-Theaters*.

Welt des Gefühls - Welt der Musik

Die Welt des Gefühls auszudrücken, kommt dem Medium Musik in spezieller Weise zu. Im romantischen Theater spielte deshalb die Komponente Musik eine ganz entscheidende Rolle. Es entstanden nicht nur bis heute immer wieder aufgeführte Bühnenmusiken (z.B. Felix Mendelssohn-Bartholdys Musik zu Shakespeares "Ein Sommernachtstraum" oder Ludwig van Beethovens Musik zu Goethes "Egmont"), sondern auch eine Reihe romantischer Opern, die zum Kernrepertoire heutiger Theater zählen. Es sind dies im deutschen Raum Werke von *Carl Maria von Weber* (1786 - 1826), *Otto Nicolai* (1810 - 1849), *Albert Lortzing* (1801 -1851), und des jungen *Richard Wagner* (1813 - 1883). Als romantische Opernkomponisten traten in Italien *Gioacchino Rossini* (1797 - 1848), in Frankreich *Giacomo Meyerbeer* (1791 - 1864), *Adolphe Adam* (1803 - 1856) und *Daniel Auber* (1782 - 1831) in den Vordergrund.

Während die Franzosen *Hector Berlioz* (1803 - 1869) und *Charles Gounod* (1818 - 1893) Opern schufen, die man als grosse historische Bühnenentwürfe bezeichnen kann, komponierte *Georges Bizet* (1838 -1875) ein realistisches Musikdrama mit Helden teils aus den untersten gesellschaftlichen Schichten: "Carmen" gehört heute zu den meistgespielten musikdramatischen Werken. *Jacques Offenbach* (1819 - 1886) ging aus der Tradition der *opéra comique* hervor und setzte in seinem Miniatur-Theater *Bouffes-Parisiens* den Gegenpol zum Pariser Opernprunk. Offenbachs Werke eroberten Paris im Sturm und dann die ganze Welt. Sie werden auch heute immer wieder gespielt. Vor allem in Oesterreich entwickelte sich nach dem Vorbild Offenbachs die Musiktheaterform *Operette*.

Der Schnürboden bringt neue Verwandlungsmöglichkeiten

Bereits im Barock war es möglich, die in den Kulissen-Gassen quer über die Bühne hängenden, bemalten Stoffbahnen, die Soffitten, durch Hochziehen und Absenken auszuwechseln (z.B. Balken-Soffitten eines "Saales" gegen Wolken-Soffitten eines "Freien Feldes"). Um Prospekte (Bühnenhintergründe

aus bemalter Leinwand), Zwischenvorhänge und andere Hängeteile auf diese Weise erscheinen und verschwinden zu lassen, musste der Innenraum des Bühnenhauses mindestens doppelt so hoch bemessen sein wie den Bühnenrahmen (Öffnung des Bühnenraums). 1820 erfand der Mannheimer Bühnentech-

niker *Joseph Mühldorfer* den heute an manchen Bühnen noch gebräuchlichen Schnürbodenzug mit Gegengewicht. Dieser erlaubt es einem Mann, auch schwere Hängestücke auf und ab zu bewegen (vgl. Querschnitt der Hofoper/Staatsoper Wien, 1869, sowie das Schema eines Schnürbodenzuges.)

Auf fünf Prospekten finden Sie Hinweise zu je zwei Aspekten des Theaterwesens im 19. Jahrhundert.

Um den Prospekt Ihrer Wahl abzusenken, ziehen Sie am entsprechenden Seil nach unten!

(Zum Hochziehen des Prospektes Seil von unten nach oben bewegen!)

Auf fünf Prospekten finden Sie Hinweise zu je zwei Aspekten des Theaterwesens im 19. Jahrhundert.

Um den Prospekt Ihrer Wahl abzusenken, ziehen Sie am entsprechenden Seil nach unten!

(Zum Hochziehen des Prospektes Seil von unten nach oben bewegen!)

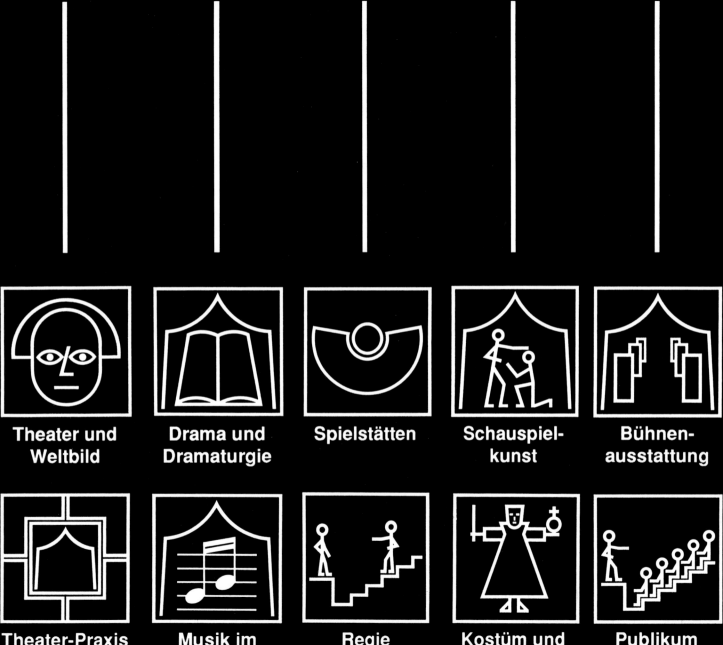

Theater und Weltbild

Drama und Dramaturgie

Spielstätten

Schauspiel-kunst

Bühnen-ausstattung

Theater-Praxis

Musik im

Regie

Kostüm und

Publikum

Im 19. Jahrhundert: Klassik - Romantik - Realismus

Während in der deutschen Klassik das Theater ganz klar als "moralische Anstalt" verstanden wurde, sah man es in der kosmopolitischen Bewegung wieder eher als "l'art pour l'art" (als Kunst um der Kunst willen). *Ludwig Tieck* (1783 - 1853) meinte, "das Spiel der Bühne mit sich selbst" diene als Sinn. Es gehört durchaus zum romantischen Weltbild, sich eine eigene phantasievolle Wirklichkeit zu bilden und das Produkt der Phantasie sogleich ironisch in Frage zu stellen. Tieck machte dieses Prinzip zum Prinzip des Theaters. Er hat in seinem "Gestiefelten Kater" und im "Prinz Zerbino" die Identität von Bühne und Publikum, von Spiel und Wirklichkeit brillant aufgehoben. In der alltäglichen Praxis des romantischen Theaters frönte man indes oft dem ungebrochenen Illusionismus.

Im Realismus schlug das weltanschauliche Pendel wieder zurück. Für das Theater bedeutete dies, den Menschen in seinem Alltag, in seinem Milieu und in seinen gesellschaftlichen Bindungen zu sehen und darzustellen. Nach *Alexandre Dumas d.J.* (1824 - 1895) sollte das realistische Theater soziale Übelstände aufdecken, das Verhältnis von Individuum und Gesellschaft erörtern und sich überhaupt als '*théâtre utile* ', als nützliches Theater, erweisen. Stilistisch gesehen, bedeutete der Realismus nicht sklavische Abbildung der Natur. Die künstlerische Wirklichkeit durfte ohne weiteres erfunden sein; sie hatte aber in sich zu stimmen und rationalen Vergleichen mit der realen Welt standzuhalten. Dies traf auch für die historische Dimension zu: dargestellte Geschichte durfte vom wissenschaftlich ergründeten Bild der Geschichte nicht wesentlich abweichen.

Theaterpraxis im 19. Jahrhundert

Geistige Zielsetzungen der Romantik, auch die eines *Ludwig Tieck,* erwiesen sich als zu schwierig für eine Umsetzung auf der Bühne. Was in der Praxis als möglich erschien, war ein verführerischer Illusionismus. Es wurde in den Häusern gespielt, die teils bereits im 18. Jahrhundert durch Bürger errichtet worden waren und die sich der Entwicklung zunehmender Kommerzialisierung nicht entziehen konnten. Dies führte im Repertoire häufig zu einem Rückzug auf das Vertraute und das Artistisch-Sensationelle. Ein Theater, das äusserlich modischen Trends nachgab und dessen "Zugpferde" Schauspieler waren, die man heute als "Stars" bezeichnen würde, feierte Triumphe. Im deutschen Sprachraum, aber auch in Paris, blieben freilich die vom Hof direkt oder indirekt gelenkten und finanzierten Theater tonangebend.

Die realistischen Theaterideen liessen sich auf der Bühne rascher verwirklichen; sie stimmten mit den politischen Entwicklungen besser überein als die spirituellen Höhenflüge der Romantiker. Das realistische Theater hatte eine Aufgabe als Medium zur Ergründung und Vermittlung soziologischer Zusammenhänge.

Dramatiker des 19. Jahrhunderts

Hält man fest, welche im 19. Jahrhundert schaffenden Dramatiker heute noch gespielt werden, so sind die deutschen Klassiker *Goethe* und *Schiller* an erster Stelle zu nennen.

Wie *Heinrich von Kleist* nicht eindeutig der deutschen Klassik zuzuordnen ist - sein Werk hat mit der Betonung gefühlsmässiger Aspekte einen romantischen Einschlag, so sind die deutschen Dramatiker *Georg Büchner* (1813 - 1837) und *Christian Dietrich Grabbe* (1801 -1836) nicht einfach als Realisten zu bezeichnen. Ähnliches gilt für die Österreicher *Franz Grillparzer* (1791 - 1872), *Ferdinand Raimund* (1790 - 1836) und *Johann Nestroy* (1801 - 1862), die u.a. auch dem biedermeierlichen Denken (Traditionsbewusstsein, bescheidene Innerlichkeit) verpflichtet sind. Als eigentlichen Realisten kann man den Deutschen *Friedrich Hebbel* (1813 - 1863) ansehen. Seine Grundthese ist: dass dem Menschen Tragisches zustösst, liege in seiner Existenz begründet.

Der Franzose *Alexandre Dumas d.J.* kritisiert in seinen Theaterstücken "Le demi-monde" und "Le fils naturel" das damalige Bürgertum, dessen Skrupellosigkeit, Geld- und Lebensgier, dessen unechte Gefühle, Vorurteile und veraltete Konventionen. Das realistische Drama wandte sich aber auch der Geschichte zu, um auch hier Wesen und Eigenart des Menschen zu ergründen. *Eugène Scribe* (1791 - 1861), *Eugène Labiche* (1815 - 1888), *Victorien Sardou* (1831 - 1908) und *Georges Feydeau* (1862 - 1921) gelten als heute vielgespielte Klassiker des kritischen *Boulevard-Theaters*.

Welt des Gefühls - Welt der Musik

Die Welt des Gefühls auszudrücken, kommt dem Medium Musik in spezieller Weise zu. Im romantischen Theater spielte deshalb die Komponente Musik eine ganz entscheidende Rolle. Es entstanden nicht nur bis heute immer wieder aufgeführte Bühnenmusiken (z.B. Felix Mendelssohn-Bartholdys Musik zu Shakespeares "Ein Sommernachtstraum" oder Ludwig van Beethovens Musik zu Goethes "Egmont"), sondern auch eine Reihe romantischer Opern, die zum Kernrepertoire heutiger Theater zählen. Es sind dies im deutschen Raum Werke von *Carl Maria von Weber* (1786 - 1826), *Otto Nicolai* (1810 - 1849), *Albert Lortzing* (1801 -1851), und des jungen *Richard Wagner* (1813 - 1883). Als romantische Opernkomponisten traten in Italien *Gioacchino Rossini* (1797 - 1848), in Frankreich *Giacomo Meyerbeer* (1791 - 1864), *Adolphe Adam* (1803 - 1856) und *Daniel Auber* (1782 - 1831) in den Vordergrund.

Während die Franzosen *Hector Berlioz* (1803 - 1869) und *Charles Gounod* (1818 - 1893) Opern schufen, die man als grosse historische Bühnenentwürfe bezeichnen kann, komponierte *Georges Bizet* (1838 -1875) ein realistisches Musikdrama mit Helden teils aus den untersten gesellschaftlichen Schichten: "Carmen" gehört heute zu den meistgespielten musikdramatischen Werken. *Jacques Offenbach* (1819 - 1886) ging aus der Tradition der *opéra comique* hervor und setzte in seinem Miniatur-Theater *Bouffes-Parisiens* den Gegenpol zum Pariser Opernprunk. Offenbachs Werke eroberten Paris im Sturm und dann die ganze Welt. Sie werden auch heute immer wieder gespielt. Vor allem in Oesterreich entwickelte sich nach dem Vorbild Offenbachs die Musiktheaterform *Operette*.

Ein neuer Wert im Theaterbau: gute Sicht

Die im 19. Jahrhundert erbauten Theater wiesen meist noch den hufeisenförmigen Zuschauerraum auf, wie er im Barock aufgekommen war. Was sich nach und nach einbürgerte, war ein nach hinten ansteigendes Parkett, womit die Sicht in diesem Zuschauerbereich wesentlich verbessert wurde. Im Gegenzug zu dieser Neuerung war es möglich, das Bühnengefälle flacher als bisher einzurichten.

Bereits im 18. Jahrhundert begannen die Vorgänge auf der Bühne gegenüber dem gesellschaftlichen Charakter des Theaterbesuches an Bedeutung zu gewinnen. Diese Tendenz setzte sich im 19. Jahrhundert fort, indem man im Zuschauerbereich gemäss antikem Vorbild nach demokratischen Gesichtspunkten zu gestalten suchte, erstmals beim Bau des *Bayreuther Festspielhauses* 1876. *Otto Brückwald* erbaute es nach Ideen von *Gottfried Semper* und *Richard Wagner*. Das Haus weist einen gedeckten Orchestergraben und einen kreissektorförmigen Zuschauerraum auf. Die ansteigenden und konzentrisch angeordneten Sitzreihen gewährleisteten beste Sicht und eine hervorragende Akustik. Das Kulissensystem gehörte weiter zum Standard der Bühnentechnik.

Schon 1822 hatte man in der Pariser Oper für die Beleuchtung erstmals Gas als Energieträger verwendet. Dies erlaubte eine präzise Helligkeitssteuerung über Ventile. Die Gasbeleuchtung wurde indes im 19. Jahrhundert zur Ursache zahlreicher Theaterbrände. Auch die elektrische Energie hielt in der Pariser Oper erstmals Einzug auf der Bühne: 1848 benutzte man einen elektrischen Lichtbogen zu Erzeugung eines Projektionseffektes.

Illusionistische Regie
und Regie der Innerlichkeit

Ernst Theodor Amadeus Hoffmann (1776 - 1822) wollte durch theatralische Kunst "überzeugen". Es sei allein durch das Mittel der Illusion möglich, den Zuschauer das *innere Schauen* zu lehren. Im romantischen Theater habe die Ausstattung und die Sprache des Lichtes der Illusion zu dienen. "Dekoration und Maschinen", sagte Hoffmann, müssten "unmerklich in die Dichtung eingreifen und der dramatischen Handlung untertan sein". Der ideale Schauspieler des romantischen Theaters sollte zum "Träger des Unendlichkeitsgedankens" werden. Für die Umsetzung dieser Zielvorstellung schienen Hoffmann die Dramen Calderons, Shakespeares und Kleists am besten geeignet. Erfolge seiner Bamberger Inszenierungen von Werken dieser Autoren bestätigten die Richtigkeit seiner Ansichten.

Ein Theater der Innerlichkeit, das sich gegen den romantischen Illusionismus ebenso wandte wie gegen einen realistischen Historismus, strebte *Heinrich Laube* (1806 - 1884) an, als er von 1849 - 1867 das *Wiener Burgtheater* leitete. Sein Theater sollte nicht nur das Auge, sondern das Ohr des Zuschauers ansprechen. Laube entwickelte eine Kultur der Wortregie. Er hatte sich schon 1846 in seinen "Briefen über das deutsche Theater" gegen die "Übertreibung und den Schwulst" geäussert und das "klare Scheiden der kleinen Worte und Begriffe, das Ordnen der unbedeutenden Dinge zu einer grossen Vorstellung" gefordert.

Unterschiedliche Grundlagen der Schauspielkunst

Dass *Joseph Schreyvogel* - beeinflusst vom romantischen Denken - am *Wiener Burgtheater* einerseits eine schauspielerische Gestaltung *von innen her* verlangte und dass er andererseits am klassischen Bilderarrangement festhielt, kann man einer Charakterisierung des Schauspiel-"Stars" *Sophie Schröder* (1781 - 1868) aus der Zeitschrift "Europa" entnehmen: "Sie war rührend und erschütternd, letzteres bis zum Schreckhaften. Ihre Stellungen beherrschte sie mit schöner Berechnung; auch in den gewagtesten überschritt sie nie die Grenzlinien des Schönen. Stets war sie malerisch, das Mantelspiel und den Faltenwurf hatte sie gründlich studiert...".

Im Realismus verlangte das gesellschaftskritische Drama z.B. eines *Alexandre Dumas d. J.* von den Schauspielern einen hohen Grad an psychologischer Durchdringung ihrer Rollen und setzte eine sehr differenzierte Beherrschung der Mimik und Gestik voraus. Die Schauspieler mussten - durchaus unter Einsatz ihrer Ratio und ihrer Emotionen - in der Lage sein, die für manch einen Vertreter der damaligen Gesellschaft typische Zwielichtigkeit darzustellen: Solche Figuren hatten vordergründig als moralisch-sittliche Persönlichkeiten zu erscheinen, welchen es nicht ganz gelingen durfte, ihr wahres Wesen etwa als verruchte Egoisten, Verführer, Ausbeuter oder Prostituierte hinter dieser Fassade zu verbergen. Die Meininger erwarteten von ihren Schauspielern ein intensives Studium nicht nur der Spielvorlage, sondern auch der Sekundärquellen. Dies galt ganz besonders für die Darsteller historischer Gestalten. Die Ergebnisse der zeitgenössischen Wissenschaft waren in die Rollengestaltung miteinzubeziehen.

Mehr und mehr gefragt: historische Richtigkeit

Nur die ganz grossen Häuser in den Theaterzentren konnten es sich im 19. Jahrhundert leisten, zu neuen Inszenierungen neue Kostüme herzustellen. Einerseits griff man für die Ausstattung der Darsteller meist auf den Fundus, den Kostümvorrat im Besitz eines Theaters oder Prinzipals, zurück. Andererseits waren namentlich Darstellerinnen vertraglich verpflichtet, eine eigene Garderobe verschiedener Kostüme zu besitzen und bei Bedarf zu tragen. Kam eine Neuanfertigung in Frage, so begann man schon bei klassischen Inszenierungen auf historisch stimmige Gestaltung der Kostüme zu achten. Dabei musste aber der Kostümbildner, der für seine Entwürfe gründlich recherchiert hatte, nicht selten mitansehen, wie Regisseur und Darsteller die Vorlagen bloss als Anregung betrachteten und diese - auch was die Farben betraf - nach eigenem Geschmack umsetzen liessen.

In der Romantik kamen zum Kriterium der historischen Richtigkeit die Funktion der Milieuandeutung und die Aufgabe der Figurencharakterisierung hinzu.

Die historische Stimmigkeit gewann im Realismus wieder zentrale Bedeutung - nunmehr aufgrund wissenschaftlicher Erkenntnisse und am konsequentesten bei den Meiningern.

Die gedachte "vierte Wand"

Wenn auch die Bühnengestaltung des Realismus ganz entscheidende Neuerungen brachte, so wurde die Kulissenbühne auch im 19. Jahrhunderts nicht gänzlich überwunden. Es gab auch noch an dessen Ende Häuser, die sie weiterhin verwendeten. Was sich im Laufe des Jahrhunderts änderte, waren die Ausstattungs-Sujets: die romantischen Bühnenbildner kamen ab von der symmetrischen Gestaltung der Szene, wie sie in der Klassik üblich gewesen war. Der romantischen Vorliebe für mittelalterliche Stoffe entsprechend, stellt man eine gewisse Neigung für gotische Architekturen fest. Liebreiche, stimmungs- und geheimnisvolle Motive waren im weiteren typisch für die romantische Bühnenmalerei.

Eine Wende brachten die Gesellschaftsdramen des Realismus. Hier stand die historisch treue Wiedergabe des Milieus im Zentrum. Meist waren Innenräume, Salons, Schauplatz der differenzierten psychologischen Studien. Um die hierzu nötige Intimität zu schaffen, errichtete man anstelle der Kulissen seitlich je eine Wand auf der Bühne und schloss den Innenraum nach hinten mit einer dritten Wand und - sehr oft - nach oben mit einem Plafond ab. In der Ebene des Bühnenportals nahm man beim Spiel eine *vierte Wand* an. In dieser Anordnung wurden Stellungen und Gänge der Schauspieler nicht primär auf den Zuschauer hin orientiert, sondern man gestaltete die Choreographie so, dass sie reale Situationen real wiedergab. Dieses Prinzip machten sich auch die Meininger zueigen, wobei sie hier wiederum der historischen Stimmigkeit ganz besondere Aufmerksamkeit widmeten.

Die Bürger zogen das realistische Theater vor

Auch im 19. Jahrhundert war es wohlhabenden Bürgern und Adligen noch möglich, in den Theatern eine Loge auf Dauer zu mieten. Eine recht grosse Verbreitung fand das Abonnementssystem mit dem (heute noch mehrheitlich üblichen) Anrecht, eine Serie von Inszenierungen einer Spielzeit einmal zu besuchen.

Das überwiegend bürgerliche Publikum fand naturgemäss einen besonderen Zugang zum dramatischen Schaffen des Realismus, in welchem es sich plausibel gespiegelt fand. Wenn es auch dem klassischen und romantischen Theater zusprach, so geschah dies weniger aus Interesse am stofflich fremden Repertoire als vielmehr wegen des grossen Ausstattungs-Aufwandes und wegen der qualitativ hochstehenden oder sensationellen schauspielerischen Leistungen. Protagonisten konnten durchaus auf begeisterte Anhänger zählen.

Wende zum 20. Jahrhundert

Wende zum 20. Jahrhundert: Rundgang

 Die Wende zum 20. Jahrhundert bedeutete nicht nur einen historischen Einschnitt, sondern auch den Anfang einer Neubesinnung dem traditionellen Theater gegenüber.

Mehrere Stilrichtungen lösten den Realismus des 19. Jahrhunderts ab: einerseits der Naturalismus als Versuch einer totalen Nachahmung der Natur; andererseits der Jugendstil und Art Nouveau, die ihr Hauptgewicht auf Stilisierung und Abstraktion legten; die Natur diente nur noch als Anregung.

Zwischen diesen beiden entgegengesetzten Auffassungen entwickelten sich der Impressionismus und der Symbolismus. Der Impressionist versuchte einen subjektiven Natureindruck künstlerisch zu gestalten; der Symbolist hingegen trachtete danach, intuitive Gehalte zu vermitteln und das subjektive Empfinden des Betrachters anzusprechen.

Die Modelle zu Arbeiten zweier bekannter Bühnenraumgestalter dieser Zeit dienen zur Anschauung einer symbolistisch-kubistisch geprägten Richtung. In der Mitte dieses Raumes sehen Sie das Modell eines Entwurfes des Genfer Bühnenreformators Adolphe Appia zu Gluck's «Orpheus und Eurydike». Er wandte sich gegen die traditionelle Guckkastenbühne des 18. Jahrhunderts. Anstelle der Ausstattung mit der nur zweidimensionalen Bühnenmalerei solle der Bühnenraum plastisch durchgestaltet werden. Denn nur auf diese Weise könne sich der Schauspieler organisch dem inneren Rhythmus der Spielvorlage gemäss bewegen. Appia lehnte die malerische Darstellung von Licht- und Schatten auf den Bühnenkulissen ab; ihm ging es um echte Licht- und Schattenwirkungen. Das prozesshafte Geschehen der Handlung sollte durch das Zusammenspiel der dynamischen Bühnenbeleuchtung mit der plastischen Gestaltung des Bühnenraumes sowie durch die Erscheinung und Bewegung des Schauspielers dargestellt werden.

Rechts vom Appia-Modell sehen Sie den Nachbau eines Modells, welches der englische Theaterpionier Edward Gordon Craig zu einer «Hamlet»-Aufführung 1911 in Moskau gefertigt hatte. Craig äusserte – zunächst ohne die Ideen Appias zu kennen – dieselben Grundanliegen wie dieser, betonte jedoch stärker die grafisch-visuellen Elemente einer Aufführung.

Zwischen diesen beiden Modellen finden Sie ein Schaltbrett. Wenn Sie auf den dem gewählten Thema entsprechenden Knopf drücken, erscheint auf der Rückwand des Appia-Modells eine Projektion, welche Informationen zum gewählten Thema enthält.

Wenn Sie rechts beginnend, die Stellwände im Uhrzeigersinn betrachten, finden Sie zur Theaterreform der Jahrhundertwende weitere Informationen in Lauftexten, auf entsprechenden Fotografien und Entwürfen: rechts neben dem Modell von Edward Gordon Craig werden detailliertere Angaben zu Appia und Craig angeboten.

Auf der nächsten Stellwand finden Sie einen Hinweis auf den «Vater der modernen Regie», den Österreicher Max Reinhardt. Er war der Wegbereiter radikal neuer Ideen; so baute er zum Beispiel für andere Zwecke errichtete Gebäude in Theater um. Berühmt ist seine Berliner Inszenierung von Sophokles' «König Oedipus» im Zirkus Schumann, welche 1911 des riesigen Raumes wegen einer sehr grossen Zahl von Zuschauern dargeboten werden konnte. An derselben Stellwand hängt eine Darstellung der von Karl Lautenschläger erstmals in Europa gebauten Drehbühne, die Max Reinhardt oft in seinen Inszenierungen verwendete. Dank dieser Technik konnten mehrere Dekorationen aufgebaut und je nach Bedarf in den Sichtbereich der Zuschauer gedreht werden.

Sie finden im folgenden Angaben zur Motivation Appias. Er lehnte die auf Leinwand gemalten historischen Dekorationen, wie sie Richard Wagner liebte, ab, wollte jedoch den Werken des Meisters, den er als Komponisten sehr verehrte, zu einer angemessenen Inszenierungsform verhelfen.

Dabei entstanden impressionistisch-symbolistische Bühnenbildentwürfe. Neben dieser Schaffensphase im Werke Appias lassen sich zwei weitere unterscheiden: eine kubistische und eine, die sich auf die rein lineare Darstellung von geistigen Räumen beschränkt.

Aus der kubistischen Phase stammt sein Entwurf zu Gluck's «Orpheus und Eurydike» für die Inszenierung in der Gartenstadt Hellerau bei Dresden, wo er im Schulungs- und Bil-

dungszentrum des Genfers Emile Jaques-Dalcroze einen Theatersaal seinen Ideen gemäss verwirklichen konnte.

Weiter folgen Hinweise auf verschiedene Vertreter des Bühnen-Naturalismus. Ihre Themenauswahl konzentrierte sich hauptsächlich auf Schicksalsdarstellungen aus unteren Gesellschaftsschichten. Die soziale Herkunft der einzelnen Personen wurde durch ihre Sprache und ihr milieutypisches Sprechen verdeutlicht. Die Bühnenausstattung sollte möglichst realitätsgetreu gestaltet werden; auch die Choreographie unterstand nun dem Gebot der Wirklichkeitstreue. Ein berühmter Vertreter dieser Richtung ist Gerhart Hauptmann. Bekannt ist sein Schauspiel «Die Weber», aus dem Sie die Schlussszene einer Aufführung von 1894 sehen.

Dann sehen Sie eine Szene aus dem Milieudrama «En famille» von Oscar Méténier, inszeniert von André Antoine. Auch hier wird die Realität des Alltags sorgfältig bis ins kleinste Detail nachgestaltet.

Als Reaktion auf den Realismus und den Rationalismus entwickelten sich der Impressionismus und der Symbolismus. Diesem Thema sind Lauftexte und Illustrationen auf der nächsten Stellwand gewidmet.

Zwei Gewohnheiten im Ausstattungswesen lassen die zeitgenössischen Reformbestrebun-

Kostüm aus dem Nachlass des Bassbaritons Georges Baklanoff (1882 – 1938) für die Titelfigur von Modest Mussorgsky's Oper «Boris Godunow»

gen verständlich erscheinen: einerseits die Kostüme im Eigentum der Schauspieler, andererseits die Bühnendekorationen «von der Stange».

Es war bis in die späten Zwanziger Jahre üblich, dass die Schauspieler ihre eigenen Kostüme auf ihre Tourneen mitnahmen, und es schien niemand daran Anstoss zu nehmen, dass diese nicht immer zum Bühnenbild passten. Sie sehen als Beispiel das Kostüm zu «Boris Godunow» von Modest Mussorgsky aus dem Nachlass des Bassbaritons Georges Baklanoff *(siehe Fotografie auf Seite 195).* Die individuelle, auf das entsprechende Werk bezogene Bühnenausstattung, war noch nicht gefragt.

Meistens wurde sie in speziellen Ateliers oder Manufakturen «fabrikmässig in Serie» hergestellt und von «der Stange weg» an die Theater verkauft. Oft überstiegen die Herstellungskosten eines individuell gestalteten Bühnenbildes die finanziellen Möglichkeiten eines einzelnen Theaters. Daher war es preisgünstiger, die Dekorationen nach Katalog bei den entsprechenden Firmen zu bestellen.

Bekannt war die Werkstatt der Gebrüder Kautsky in Wien. Sie sehen links vom Appia-Bühnenmodell drei Sperrholzmodelle dieser Firma.

Licht und Projektion als Ausdrucksmittel

Die Wende zum 20. Jahrhundert bedeutete auch eine programmatische Wende des Theaterwesens. Der mehrheitlich in Routine erstarrten traditionellen Theaterpraxis sagten Vertreter aus neuen Stilrichtungen und weit vorausblickende Pioniere den Kampf an. Hervorragende Reformatoren der Inszenierung sind etwa der Österreicher *Max Reinhardt (1873 - 1943),* der Engländer *Edward Gordon Craig (1872 - 1966)* und der Genfer *Adolphe Appia (1862 - 1928).* Appia forderte u.a. eine dramaturgische Bühnenbeleuchtung. Die Dreidimensionalität von Darstellern und Elementen des Bühnenbildes sollte durch gebündeltes Licht unterstrichen werden. Ausserdem musste das Licht «beweglich» sein, musste – analog zur dramatischen Musik – durch die Veränderung seiner Helligkeit den emotionellen Verlauf der Handlung deutlich machen. Eine bedeutende Rolle mass Appia dabei der Bühnenprojektion zu, die geeignet sei, alles, was sie auf der Bühne treffe, gleichsam zu vergeistigen.

Bau des Modells 1987 (Massstab ca. 1 : 10 durch Heidi Fraefel nach Angaben von Harry Zaugg und Stefan Rebsamen auf Grund der Reproduktion eines verschollenen Entwurfes von Adolphe Appia zu Glucks «Orpheus und Eurydike» («Les Champs-Elysées»).

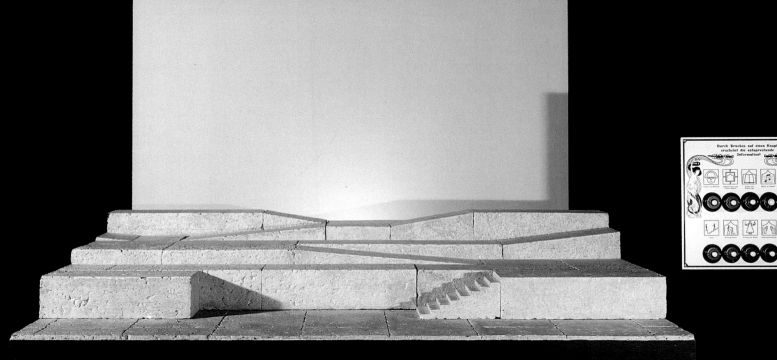

Licht und Projektion als Ausdrucksmittel

Die Wende zum 20. Jahrhundert bedeutete auch eine programmatische Wende des Theaterwesens. Vertreter neuer Stilrichtungen und weit vorausblickende Pioniere sagten der mehrheitlich in Routine erstarrten traditionellen Theaterpraxis den Kampf an. Hervorragende Reformatoren der Inszenierung sind etwa der Österreicher Max Reinhardt (1873 - 1943), der Engländer Edward Gordon Craig (1872 - 1966) und der Genfer Adolphe Appia (1862 - 1928). Appia forderte u.a. eine dramaturgische

Bühnenbeleuchtung. Die Dreidimensionalität von Darstellern und Elementen des Bühnenbildes sollte durch gebündeltes Licht unterstrichen werden. Ausserdem musste das Licht "beweglich" sein, musste - analog zur dramatischen Musik - durch die Veränderung seiner Helligkeit den emotionellen Verlauf der Handlung deutlich machen. Eine bedeutende Rolle mass Appia dabei der Bühnenprojektion zu, die geeignet sei, alles, was sie auf der Bühne treffe, gleichsam zu vergeistigen.

Reformbestrebungen, vorwiegend am Beispiel Appias dargestellt

Adolphe Appias Nachlass befindet sich grossenteils in der Schweizerischen Theatersammlung. Dies begründet die relativ breite Darstellung seines Wollens und Wirkens in der Abteilung Wende zum 20. Jahrhundert; es ist dabei nicht beabsichtigt, den theaterhistorischen Stellenwert Appias zu überschätzen. Neben Appia, Craig und Reinhardt waren erfolgreiche Pioniere: der Komponist und Operndirektor Gustav Mahler (1860 - 1911) und der Bühnenbildner Alfred Roller

(1864 - 1935); sie konnten in Wien zwischen 1902 und 1907 20 Muster-Inszenierungen verwirklichen.

Das Modell setzt die Reproduktion eines Appia-Entwurfes in die dritte Dimension um; die verschollene Zeichnung stammt aus der Serie der "Espaces rythmiques". (Bau des Modells nach Angaben von Harry Zaugg und Stefan Rebsamen durch Heidi Fraefel, 1987)

Durch Drücken auf einen Knopf erscheint die entsprechende Information!

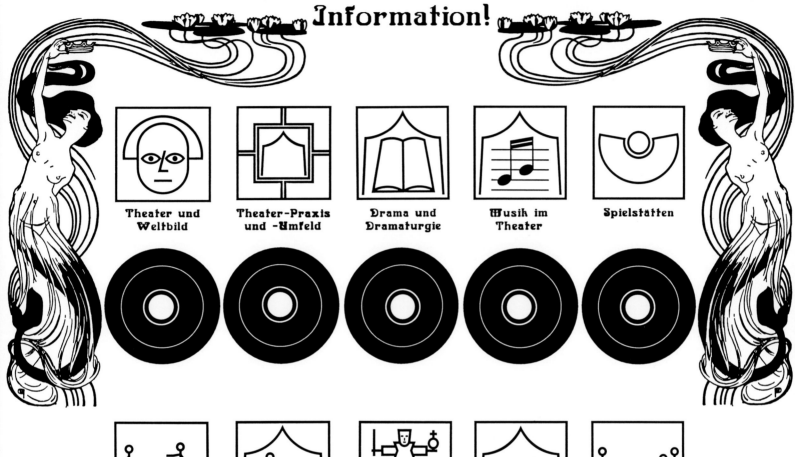

Theater und Weltbild	Theater-Praxis und -Umfeld	Drama und Dramaturgie	Musik im Theater	Spielstätten

Regie	Schauspiel-kunst	Kostüm und Maske	Bühnen-ausstattung	Publikum

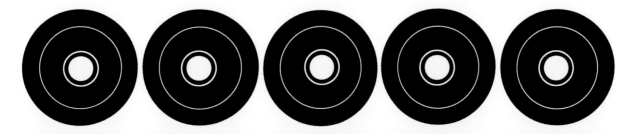

Weltanschauliche
und stilistische Vielfalt

Angesichts der herrschenden Vielfalt und Widersprüchlichkeit weltanschaulicher Ansätze im Bereich der letzten Jahrhundertwende erwartet man auch eine reiche Palette stilistischer Äusserungen auf allen Gebieten der Künste: Tatsächlich lösten den Realismus des 19. Jahrhunderts mehrere Stilrichtungen zugleich ab. Die extremsten unter ihnen deckten sich mit den beiden Polen, zwischen welchen sich künstlerische Äusserung bewegen kann. Den einen Pol kennzeichnet das Bestreben einer totalen Nachahmung der Natur

(Naturalismus), den andern die absolute Betonung des Kunstcharakters, indem von der Natur als Vorbild uneingeschränkt abstrahiert wird, die Inhalte rein fiktiven Status gewinnen und die Kunstäusserung in erfundenen, der Geometrie nahestehenden Formen geschieht *(Art nouveau und Jugendstil)*. Auf der Achse zwischen diesen Polen kann man sich die beiden anderen Hauptrichtungen denken, die im Uebergang zum 20. Jahrhundert wichtig wurden: *Impressionismus und Symbolismus*. Während der Impressionist einen subjektiv

verarbeiteten Natureindruck künstlerisch gestaltete, versuchte der Symbolist, intuitive, oft irrational-mythologische oder neoromantische Gehalte zu vermitteln. Er tat dies mit einigen aussagekräftigen Formtypen, welche subjektiv geschaffen oder auch aus der Natur ausgewählt sein konnten. Beim Betrachter oder Zuschauer sollte dabei nicht so sehr das Verstehen als vielmehr das subjektive Empfinden angesprochen werden.

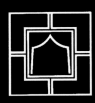

Naturalistisches Theater in «geschlossener Gesellschaft»

Die Naturalisten wandten sich gegen die erstarrten Formen realistisch-bürgerlichen Theaters. Nicht zuletzt deshalb stiessen sie auf den Widerstand der etablierten Macht und damit auf ein ständiges Veto der Zensur, so dass sie Ihre Ziele ausserhalb der herkömmlichen Theaterwelt realisieren mussten.

In Paris wagte es der Gaswerkangestellte *André Antoine* (1858 - 1943) seine programmatischen Forderungen zunächst als Amateur auf der Bühne zu verwirklichen. Er gründete mit seinen Gesinnungsgenossen das später weltberühmt gewordene *Théâtre*

libre in welchem er, um die Zensur zu umgehen, geschlossene Aufführungen naturalistischer Dramen herausbrachte. Nachdem er die zeitgenössischen Autoren Frankreichs berücksichtigt hatte, führte er auch Werke von *Ibsen, Strindberg, Tolstoi, Turgenjew, Hauptmann* und anderen auf. Die Aufführungen wirkten wie ein "Donnerschlag" auf Frankreichs Bühnen.

Aus ähnlichen Motiven wie die französischen Kollegen handelten auch Berliner Theater-Begeisterte unter der Führung des jungen Literatur- und Theaterkritikers *Otto Brahm* (1865 -1912):

sie gründeten 1889 den Verein *Freie Bühne* und veranstalteten, ebenfalls um der Zensur zu entgehen, Aufführungen in geschlossener Gesellschaft. Getragen wurden diese Produktionen durch einen über 1000 Mitglieder zählenden Verein; später auch durch die 1890 gegründete Besucherorganisation *Freie Volksbühne*.

In London war es *Thomas Grein*, ein Kaufmann holländischer Herkunft, der 1891 die *Independent Theatre Society* gründete, mit deren Hilfe er Werke von Ibsen, Shaw und anderen in geschlossenen Vorstellungen zur Aufführung brachte.

Bedeutende Dramatiker der Jahrhundertwende

Nicht nur Schicksale aus dem vierten Stand kennzeichnen die naturalistischen Dramen, auch ihre Sprachgestalt tut dies: die Figuren äussern sich je nach Schichtzugehörigkeit in Dialekt, in dialektal gefärbter Hochsprache oder in Hochsprache. Bühnenausstattung sowie choreographische Angaben wurden in den Regieanweisungen des Dramas sehr genau fixiert. Schulbeispiele sind die ersten Werke Gerhart Hauptmanns (1862 – 1946), so etwa *Vor Sonnenaufgang* (1889), *Die Weber* (1892) oder *Der Biberpelz* (1893).

Hauptautor der naturalistischen Bewegung war der Norweger *Henrik Ibsen* (1828 -1906). Seine *Gespenster* (1881) wurden auf allen naturalistischen Bühnen Europas gespielt. Neben Ibsen zählen *Strindberg, Shaw* und *Hauptmann* zu den in unseren heutigen Spielplänen bestvertretenen Naturalisten.

Als bedeutendsten symbolistischen Bühnenautor kann man den Belgier *Maurice Maeterlinck* (1862-1949) bezeichnen. Sein Ziel war «*in unseren sinnlichen Worten, welche dem sichtbaren Leben entnommen sind, das Unsichtbare anzusprechen*». Mit dem elfischen Liebesdrama *Pelléas und Mélisande* gelang Maeterlinck 1882 das seinerzeit meistgespielte symbolistische Bühnenwerk. 1902 wurde es durch *Claude Debussy* vertont und erscheint seither regelmässig in den Opernspielplänen.

Naturalistische und impressionistische Opern

Auf dem Gebiet des Musiktheaters bildet sich in Italien eine naturalistische Stilrichtung aus. *Pietro Mascagni* (1863-1945) begründete mit seiner Oper *Cavalleria rusticana* den *Verismo*. Er verzichtete auf die erhabene, poetisch idealisierende Gestaltung seiner Vorgänger und begnügte sich mit seiner fotografisch getreuen Nachbildung der nackten Wahrheit.

Die veristische Oper erreichte ihren Höhepunkt mit *Giacomo Puccini* (1858-1924), der sie unter impressionistischen Einflüssen mit orginellen Stilmerkmalen ausstattete (Ganztonleiter, Quintenparallelen, übermässige Dreiklänge). Als eigentlicher Begründer des *musikalischen Impressionismus*, im speziellen des musikalischen Symbolismus, gilt *Claude De-bussy* (1862-1818). Ihm gelangen intime Seelenschilderungen und die Zeichnung zarter Gefühlsregungen. Im Musikdrama *Pelléas und Mélisande* (1902) realisierte er in den Gesangslinien sensible Nachempfindungen des Sprech-Tonfalls und im Orchesterpart für Situationen und Stimmungen die jeweils vollkommen entsprechende Klangatmosphäre.

Alternative zur Guckkastenbühne: zum Beispiel Hellerau

Wenn es auch unter den Pionieren des impressionistisch-symbolistischen Theaters Persönlichkeiten gab, welche die Guckkasten-Gestalt der herkömmlichen Theater gerne überwunden hätten, so lassen sich beim Theaterbau im Zeitbereich der Jahrhundertwende wenig Neuerungen ausmachen. Der routinierte Theaterbetrieb spielte sich in den bewährten Strukturen ab. Die Naturalisten und Symbolisten waren der Zensur wegen gezwungen, mit improvisierten Spielstätten vorlieb zu nehmen, bzw. sich in vorhandenen Privattheatern mit herkömmlichen Einrichtungen einzumieten.

Unbehagen mit der Guckkastenbühne, welches seit Ende des 18. Jahrhunderts häufig formuliert worden war, empfand auch *Adolphe Appia*. 1909 zog ihn *Emile Jaques -Dalcroze*, wie er ein gebürtiger Genfer, in Hellerau bei Dresden zu, als er ein Schulungs- und Aufführungs-Zentrum für die *"Rhythmische Gymnastik"* aufbauen konnte. Erst dort sah *Appia* einen Theater-saal nach seinen Ideen verwirklicht, einen quaderförmigen Raum, der Zuschauer und Bühne ohne Rampe und trennenden Bühnenrahmen vereinigte. Der Saal verfügte auch über ein Beleuchtungssystem, das den Absichten *Appias* entgegenkam: hinter den Stoffwänden, die den ganzen Saal begrenzten, waren zahlreiche weisse und farbige Elektrolampen montiert, deren Helligkeit in unabhängigen Gruppen geregelt werden konnte.

Inszenierungsmittel zur Steigerung der Glaubwürdigkeit

André Antoine entwickelte seinen naturalistischen Bühnenstil, *«impregné de réalité» («von Wirklichkeit durchtränkt»)*, nach dem Vorbild der Meininger, deren zweiwöchiges Gastspiel er 1888 in Brüssel intensiv studiert hatte. Ihm leuchteten die Sorgfalt für das realistische Detail und die geschlossene Folgerichtigkeit der Regiekonzeptionen ein. *«Das Milieu bestimmt die Bewegung der Rollengestalten»*, erklärte Antoine, *«und nicht umgekehrt»*. Wesentlich für Antoine war das schon im Realismus praktizierte Prinzip der "vierten Wand": die von Spielverlauf und Dialog geforderte Zueinanderordnung der Darsteller musste verwirklicht werden; eine frontal auf den Zuschauer hin arrangierte Bildwirkung kam grundsätzlich nicht in Frage.

Adolphe Appias grundlegende Reformideen weisen in die Nähe symbolistischer Regieabsichten: er erkannte im Theater-Ereignis einen Prozess, der die inneren Vorgaben der dramatischen Spielvorlage für den Zuschauer nachvollziehbar zu machen hatte. Appia verwies dabei auf die wechselseitigen Abhängigkeiten der sinntragenden Elemente: Darsteller, Raum, Licht, Zeit und Bewegung. Ihm missfielen die auf Leinwandstücke gemalten flächigen Dekorationen des traditionellen Theaters. Nur in einer plastisch gestalteten "Umwelt" könne der plastische Körper des Darstellers wahrhaftig wirken. Gebündeltes Licht aus Scheinwerfern erzeuge echte Licht- und Schattenwirkungen und verleihe so Raum und Darstellern Plastizität. Die Zeitstruktur einer Spielvorlage müsse sich, so forderte Appia, in der Bewegung der Darsteller im Bühnenraum und in einer sich wandelnden Lichtgestaltung manifestieren.

Der disziplinierte Darsteller

Während des Brüsseler Gastspieles der Meininger beeindruckten *André Antoine* auch die disziplinierten Ensemble-Leistungen. Er konnte in seinem Pariser "Théâtre libre" das naturalistische Ensemblespiel weitgehend verwirklichen. Keiner der grossen Mimen in den konventionellen Theatern der Zeit, unter ihnen etwa die berühmte *Sarah Bernhardt*, wäre bereit gewesen, auf die grossen, publikumswirksamen Auftritte an der Rampe zu verzichten.

Eine totale Unterordnung des Darstellers unter die Gebote des aufzuführenden Werkes forderte *Appia*, wobei er freilich eine dem Naturalismus entgegengesetzte Stilrichtung vertrat. In den letzten Jahren des 19. Jahrhunderts war er der später revidierten Auffassung, einzig ein musikalisches Werk im Sinne des Wagnerschen Worttondramas komme als Vorlage für eine vollkommene szenische Realisation in Frage. Um die folgenden Sätze *Appias* gut zu verstehen, muss man diese Voraussetzung kennen. Er schrieb 1895, das «*höchste Ziel des Darstellers im Wortdrama ist der Verzicht: Verzicht des ganzen Menschen, um ausschliesslich musikalisch zu werden, und zwar in dem Sinn, den die neue dramatische Form diesem Wort gibt, also um sich in der musikalischen Zeit mit der ganzen erforderlichen dramatischen Lebendigkeit äussern zu können. Jeder intelligente Darsteller wird zugeben, dass es kein erhabeneres Ziel geben kann.*»

Theorie und Praxis
des Kostümwesens

Dass die Darsteller eines naturalistischen Dramas möglichst authentische Kleider zu tragen hatten, versteht sich von selbst. Künstlerisch bot dies keine allzugrossen Schwierigkeiten, da die naturalistischen Spielvorlagen in der Regel Gegenwartsdramatik waren. Handelte es sich in Ausnahmefällen um historische Stoffe wie in *Hauptmanns* Drama *Die Weber*, die 1844 (schlesischer Weberaufstand) spielen, so nahm man sich nach Meiningischem Vorbild die Mühe genauer Recherchen.

Nach *Adolphe Appia* kam den Kostümen in der Inszenierung nur eine untergeordnete Funktion zu. Wie die stilisierten plastischen Elemente des Bühnenraumes sollten sie stilisierend geschnitten und in schlichten pastelligen Symbol-Farbtönen gehalten sein. Er schrieb: *«Und wie die begriffliche Bedeutung des Kostüms und der Dekoration auf das geringste Mass beschränkt bleibt, so darf man auch in der äusseren Erscheinung des Darstellers nicht den szenischen Ausdruck beeinträchtigen. Die Farbe der Kostüme wird also in ähnlicher Weise behandelt werden müssen wie die des Dekorationsmaterials.»*

Gegensätzliche Stilmerkmale im Bühnenbild

"Echtes Milieu" hiess die Devise der naturalistischen Regisseure. Die Bühnen wurden nach Möglichkeit mit echten Materialien ausgestattet. *Antoine* liess geschlossene Zimmerdekorationen bauen mit praktikablen Fenstern und Türen, mit schweren Balkendecken, die kunstgerecht durch Pfeiler abgestützt wurden, und mit echtem Verputz, der von den Wänden fiel. Öfen und Kochherde wurden beispielsweise be-feuert, echte Gerichte verzehrt und ähnliches mehr. *Max Reinhardt* liess es sich nicht nehmen, für seinen berühmten Berliner "Sommernachtstraum" 1905 im *Neuen Theater am Schiffbauerdamm* einen Wald aus "echten" Bäumen auf die Drehbühne zu stellen.

Die Symbolisten strebten eine szenische Abstraktion an: der Bühnenraum sollte nicht durch zahl-lose Details sprechen und von Wesentlichem ablenken. Es ging im Gegenteil darum, Wesenhaft-Hintergründiges symbolhaft erlebbar zu machen, Stimmungen und Situationen durch Licht- und Farbwirkungen zu vermitteln. Ganz in diese Richtung zielten auch *Appias* Reformbestrebungen, die grösstenteils erst nach seinem Tod (1928) die ihnen gebührende Anerkennung fanden.

Besucherorganisationen

Zur Jahrhundertwende kam organisierten Publikumskreisen erstmals eine Art Schlüsselfunktion zu: ohne die Unterstützung durch den Verein "Freie Bühne" und die Besucherorganisation "Freie Volksbühne" wäre es den Berliner Naturalisten unter *Otto Brahm* nicht möglich gewesen, geschlossene Vorstellungen zur Umgehung der Zensur zu veranstalten und damit eine neue Theaterform zur Diskussion zu stellen. Ähnliche Strukturen ermöglichten in Paris, London und Moskau naturalistische Aufführungen.

Den Besucherorganisationen sollte auch in der Folgezeit, ja bis in die Gegenwart hinein wesentliche Bedeutung zukommen. Sie sichern den Theatern neben den Abonnementssystemen ein interessiertes Stammpublikum. In der Schweiz sind es die in allen grösseren Theaterstädten domizilierten Theatervereine und Jugend-Theatergemeinden. Für beide Gruppierungen gibt es nationale Dachorganisationen (Theatervereine der Schweiz; Vereinigung Schweizerischer Jugend-Theatergemeinden). Diese wiederum sind dem internationalen Dachverband angeschlossen (International Association of Theaterpublic Organizations = IATO).

Weiterführende Literatur

Auswahl-Bibliographie, zusammengestellt von Martin Dreier.

Es wurden in der Regel Lexika sowie Monographien und Aufsätze in die Liste aufgenommen, welche das einschlägige Thema umfassend behandeln und meist selbst Literaturlisten enthalten. Arbeiten, die sich mit Detailproblemen auseinandersetzen, lassen sich im Sachkatalog der Schweizerischen Theatersammlung finden.

Die bibliographischen Aufnahmen wurden in allen Rubriken umgekehrt-chronologisch angeordnet, so dass die jüngsten Publikationen jeweils zuerst aufscheinen. Die Titel tragen eine Nummer; bei erneuter (verkürzter) Erwähnung derselben Arbeit wird auf die Nummer der Erstnennung verwiesen.

Werke zur Allgemeinen Theatergeschichte und Theaterkunde

1.1 Helmut Höfling, Der grosse Applaus. Zweitausend Jahre Theater, Reutlingen (Ensslin & Laiblin Verlag) 1987 [STS-Signatur: 5.1: 19]

1.2 Welttheater. Theatergeschichte, Autoren, Stücke, Inszenierungen, herausgegeben von Henning Rischbieter und Jan Berg, Braunschweig (Georg Westermann Verlag GmbH) 1985 [STS-Signatur: 5.1: 18]

1.3 Hanspeter Doll, Günther Erken, Theater. Eine illustrierte Geschichte des Theaters, Stuttgart/Zürich (Belser AG für Verlagsgeschäfte) 1985 [STS-Signatur: 5.6.1: 19]

1.4 Theater-Lexikon. Herausgegeben von Henning Rischbieter, Zürich/Schwäbisch Hall (Orell Füssli Verlag) 1983 [STS-Signatur: 1.1: 10]

1.5 Le Théâtre, Paris (Edition Bordas) 1980 [STS-Signatur: 3.1: 10]

1.6 Herbert A. Frenzel, Geschichte des Theaters. Daten und Dokumente 1470 – 1840, München (Deutscher Taschenbuchverlag GmbH & Co. KG) 1979 [STS-Signatur: 5.2: 5]

1.7 Cesare Molinari, Theater. Die faszinierende Geschichte des Schauspiels mit über 150 Farbbildern, Freiburg i.Br./Basel/Wien (Verlag Herder KG) 1975 [in der STS nur italienische Original-Ausgabe vorh.; STS-Signatur: 5.1: 15]

1.8 Phyllis Hartnoll, Das Theater, Wien/München/ Zürich (Verlag Fritz Molden) 1968 [STS-Signatur: 5.1: 14]

1.9 Margot Berthold, Weltgeschichte des Theaters, Stuttgart (Alfred Kröner Verlag) 1968 [STS-Signatur: 5.1: 13]

1.10 Das Atlantisbuch des Theaters, hrsg. von Martin Hürlimann, Zürich/Freiburg i.Br. (Atlantis Verlag) 1966 [STS-Signatur: 3.1: 7]

1.11 Theater bei Tageslicht. Mit einem Vorwort von Heinz Beckmann, Köln/Olten (Jakob Hegner Verlag) 1966 [STS-Signatur: 3.1: 6]

1.12 Heinz Kindermann, Theatergeschichte Europas, 10 Bände, Salzburg (Otto Müller Verlag) 1957 ff. [STS-Signatur: 5.2: 1 (1-10)]

1.13 Wilhelm Kosch, Deutsches Theater-Lexikon. Biographisches und bibliographisches Handbuch, Bern/München (Franke Verlag) 1953 ff. [STS-Signatur: 1.1: 2]

1.14 Enciclopedia dello Spettacolo. Fondata da Silvio d'Amico, 12 vol., Roma (Casa editrice Le Maschere) 1952 ff. [STS-Signatur: 1.1: 1(1-12)]

Werke zu den einzelnen Epochen

Gegenwart, vornehmlich des Schweizer Theaters

2.1 Beat Schläpfer, Sprechtheater in der Schweiz, hrsg. von der Schweizer Kulturstiftung Pro Helvetia, Zürich (Kulturstiftung Pro Helvetia) 1992 [STS-Signatur: 5.3.1: 8]

2.2 Ausgangspunkt Schweiz – Nachwirkungen des Exiltheaters, hrsg. von Christian Jauslin und Louis Naef (= Schweizer Theaterjahrbuch Nr. 50 – 1989), Willisau (Theaterkultur-Verlag) 1989 [STS-Signatur: 5.3.4: 12]

2.3 Das Festspiel: Formen, Funktionen, Perspektiven, hrsg. von Balz Engler und Georg Kreis (= Schweizer Theaterjahrbuch Nr. 49 – 1988), Willisau (Theaterkultur-Verlag) 1988 [STS-Signatur: 3.3.9: 2]

2.4 15 Thesen zu einer Schweizerischen Theaterpolitik. Über Situation und Zukunft des Theaters in der Schweiz. Erarbeitet und hrsg. vom Centre suisse des Internationalen Theater-Institutes, Bern (CS/ITI) 1985 [STS-Signatur: 21.5: 302(D)]

2.5 Roland Maurer, Die Schweizer Theaterszene, hrsg. von der Schweizer Kulturstiftung Pro Helvetia, Zürich (Kulturstiftung Pro Helvetia) 1983 [STS-Signatur: 5.3.1: 6]

2.6 Werner Mittenzwei, Exil in der Schweiz, Leipzig (Reclam Verlag) 1981 (2., verbesserte und erweiterte Auflage) [STS-Signatur: 5.3.4: 10]

2.7 Das Theater – unsere Welt/Le Théâtre – notre monde. Das Schweizer Theater/Le Théâtre suisse 1970 – 1980, hrsg. vom Schweizerischen Bühnenverband, Luzern (Raeber Verlag) 1980 [STS-Signatur: 5.3.1: 5]

2.8 Theater in der Schweiz/Théâtre en Suisse/Teatro in Svizzera, (= Schweizer Theaterjahrbuch Nr. 40 – 1977), Zürich (Theaterkultur-Verlag) 1977 [STS-Signatur: 5.3.1: 4]

2.9 Szene Schweiz/Scène suisse/Scena Svizzera. Eine Dokumentation des Theaterlebens in der Schweiz, hrsg. von der Schweizerischen Gesellschaft für Theaterkultur,

Nr. 1 ff. – 1973/74 ff., Zürich (Theaterkultur-Verlag) 1974 ff. [STS-Signatur: 1.10: 2]

2.10 Hans-Christof Wächter, Theater im Exil 1933-1945, Mit einem Beitrag von Louis Naef, München (Hanser Verlag) 1973 [STS-Signatur: 5.6.1: 14]

2.11 Schweizer Theaterbuch, hrsg. vom Schweizerischen Bühnenverband, Zürich (Atlantis Verlag) 1964 [STS-Signatur: 5.3.1: 3]

2.12 Eugen Müller, Schweizer Theatergeschichte. Ein Beitrag zur Schweizer Kulturgeschichte, Schriftenreihe des Schauspielhauses Zürich, Nr. 2, Zürich/New York (Verlag Oprecht) 1944 [STS-Signatur: 5.3.1: 1]

Antikes Griechenland

2.13 Horst Dieter Blume, Einführung in das Antike Theaterwesen, Darmstadt (Wissenschaftliche Buchgesellschaft) 1978 [STS-Signatur: 5.5: 5]

2.14 Christian Zindel, Das griechische Theater. Didaktische Dia-Reihe mit Kommentaren von Christian Zindel, hrsg. vom Schweizerischen Altphilologen-Verband, Kommission "Archäologie-Gymnasium", Bern (Staatlicher Lehrmittelverlag) 1977

2.15 Heinz Kindermann, Theatergeschichte Europas, Band 1: Das Theater der Antike und des Mittelalters, Salzburg (Otto Müller Verlag) 1966 (2. Aufl.) [STS-Signatur: 5.2: 1(1)]

2.16 Edmund Stadler, Das Theater der Antike und des Mittelalters, in: Das Atlantisbuch des Theaters (siehe Nr. 1.10), S. 459 – 550

2.17 Heinrich Bulle, Untersuchungen an griechischen Theatern, München (Verlag von R. Oldenbourg) 1928 [Signatur der Stadt- und Universitäts-Bibliothek Bern: J.L. 35 (33)]

2.18 Margarete Bieber, Die Denkmäler zum Theaterwesen im Altertum, Berlin/Leipzig 1920 [Signatur der Stadt- und Universitäts Bibliothek Bern: Phil. XXV 593; in der STS nur englische Ausgabe vorh., STS-Signatur: 5.4: Grie 3]

Antikes Rom

2.19 Christian Zindel, Das römische Theater. Didaktische Dia-Reihe mit Kommentaren von Christian Zindel, hrsg. vom Schweizerischen Altphilologen-Verband, Kommission "Archäologie-Gymnasium", Bern (Staatlicher Lehrmittelverlag) 1976

Horst Dieter Blume, Einführung in das Antike Theaterwesen (siehe Nr. 2.13)

Heinz Kindermann, Theatergeschichte Europas, Band 1 (siehe 2.15)

Edmund Stadler, Das Theater der Antike und des Mittelalters, in: Das Atlantisbuch des Theaters (siehe Nr. 2.16)

Margarete Bieber, Die Denkmäler zum Theaterwesen im Altertum (siehe Nr. 2.18)

Mittelalter

2.20 Hört, sehet, weint und liebt. Passionsspiele im alpenländischen Raum. Katalogbuch zur Ausstellung im Ammergauer Haus, Oberammergau 28. Mai bis 30. September 1990, hrsg. von Michael Henker, Eberhard Dünninger, Evamaria Brockhoff, München (Haus der Bayerischen Geschichte) 1990 [STS-Signatur: 5.6.1: 315]

2.21 Thomas Kirchner, Raumerfahrung im geistlichen Spiel des Mittelalters, Frankfurt a.M./Bern/New York (Verlag Peter Lang GmbH) 1985 [STS-Signatur: 5.5: 305]

2.22 Antonie Schreier-Hornung, Spielleute, fahrende Aussenseiter. Künstler der mittelalterlichen Welt, Göppingen (Kümmerle Verlag) 1981 [STS-Signatur: 5.5: 303]

2.23 Wolfgang Greisenegger, Die Realität im religiösen Theater des Mittelalters. Ein Beitrag zur Rezeptionsforschung, Wien (Wilhelm Braumüller Verlag) 1978 [STS-Signatur: 5.5: 308]

2.24 Rainer H. Schmid, Raum, Zeit und Publikum des geistlichen Spiels. Aussage und Absicht eines mittelalterlichen Massenmediums, München (tuduv Verlagsgesellschaft) 1975 [STS-Signatur: 5.5: 301]

Edmund Stadler, Das Theater der Antike und des Mittelalters, in: Atlantisbuch des Theaters (siehe Nr. 2.16)

2.25 Johann Drumbl, Der Begriff des Theaters und der Ursprung des liturgischen Spiels, Wien (phil. Diss., Maschinenschrift) 1969 [STS-Signatur: 5.6.1: 314]

2.26 Marshall Blakemore Evans, Das Osterspiel von Luzern. Eine historisch-kritische Einleitung, Bern (Theaterkultur-Verlag) 1961 [STS-Signatur: 5.3.2: Luze 1]

Heinz Kindermann, Theatergeschichte Europas, Band 1 (siehe Nr. 2.15)

2.27 Karl Young, The Drama of the Medieval Church, 2 Bände, Oxford (Claren Press) 1953 [STS-Signatur: I VIa 35 (1 u. 2)]

2.28 Hans Heinrich Borcherdt, Das europäische Theater im Mittelalter und in der Renaissance, Leipzig (Weber Verlag) 1935 [STS-Signatur: E VId 2]

2.29 Oskar Eberle, Theatergeschichte der inneren Schweiz, Königsberger deutsche Forschungen, Bd. 5, Königsberg (Gräfe und Unzer Verlag) 1929 [STS-Signatur: 5.3.2: Zent 302]

2.30 Max Herrmann, Forschungen zur deutschen Theatergeschichte des Mittelalters und der Renaissance, Berlin (Weichmann Verlag) 1914 [STS-Signatur: E VId 13]

2.31 Gustave Cohen, Geschichte der Inszenierung im geistlichen Drama des Mittelalters in Frankreich, Leipzig (Klinkhardt Verlag) 1907 [STS-Signatur: E VIf Fran 3]

Renaissance

2.32 Johannes Hösle, Das Italienische Theater von der Renaissance bis zur Gegenreformation, Darmstadt (Wissenschaftliche Buchgesellschaft) 1984 [STS-Signatur: 5.4: Ital 395]

2.33 Wolfgang F. Michael, Das deutsche Drama der Reformationszeit, Bern/Frankfurt a.M./Nancy/New York (Verlag Peter Lang GmbH) 1984 [STS-Signatur: 6.3.2: 31]

2.34 Ferdinando Taviani, Mirella Schino, Il segreto della Commedia dell'Arte. La memoria delle compagnie italiane del XVI, XVII e del XVIII secolo, Firenze (La casa Usher) 1982 [STS-Signatur: 3.3.6: 12]

2.35 Karl Riha, Commedia dell'Arte. Mit den Figurinen Maurice Sands, Frankfurt a.M. (Insel Verlag) 1980 [STS-Signatur: 3.3.6: 13]

2.36 Reinhart Spörri, Die Commedia dell'Arte und ihre Figuren. Eine Auswahl von grotesken Figuren aus der phantasievollsten Theater-Epoche aller Zeiten, Wädenswil (Verlag Stutz & Co.) 1977 [STS-Signatur: 3.3.6: 5]

2.37 Aulo Greco, L'Istituzione del Teatro comico nel Rinascimento, Napoli (Liguori Editore) 1976 [STS-Signatur: 5.5: 3]

2.38 Fêtes de la Renaissance. réunies et présentées par Jean Jacquot, 3 volumes, Paris (Editions du Centre National de la Recherche Scientifique) 1973 ff. [STS-Signatur: 5.5: 304]

2.39 Heinz Kindermann, Theatergeschichte Europas, Band 2: Das Theater der Renaissance, Salzburg (Otto Müller Verlag) 1959 (2. Aufl.) [STS-Signatur: 5.2: 1 (2)]

2.40 Pierre-Louis Duchartre, La Commedia dell'Arte et ses Enfants, Paris (Editions d'Art et Industrie) 1955 [STS-Signatur: 3.3.6: 8]

Hans Heinrich Borcherdt, Das europäische Theater im Mittelalter und in der Renaissance (siehe Nr. 2.28)

Max Herrmann, Forschungen zur deutschen Theatergeschichte des Mittelalters und der Renaissance siehe Nr. 2.30)

Barock

2.41 Richard Alewyn, Das grosse Welttheater. Die Epoche der höfischen Feste, München (Verlag C.H. Beck) 1985 (2. Aufl.) [STS-Signatur: 5.5: 14]

2.42 Heinz Schütz, Barocktheater und Illusion, Frankfurt a.M./Bern/New York/Nancy (Verlag Peter Lang GmbH) 1984 [STS-Signatur: 5.5: 12]

2.43 Helmut G. Asper, Hanswurst. Studien zum Lustigmacher auf der Berufsschauspielerbühne in Deutschland im 17. und 18. Jahrhundert, Emsdetten (Verlag Lechte) 1980 [STS-Signatur: 5.6.3: 20]

2.44 Hans-Joachim Müller, Das spanische Theater im 17. Jahrhundert. Oder zwischen göttlicher Gnade und menschlicher List, Berlin (Erich Schmidt Verlag) 1977 [STS-Signatur: 5.4: Span 302]

2.45 Margret Dietrich, Vom Einfluss der Mathematik und Mechanik auf das Barocktheater, Wien/Köln/Graz (Österreichische Akademie der Wissenschaften, Hermann Böhlaus Nachf.) 1970 [STS-Signatur: 5.5: 4]

2.46 Heinz Kindermann, Theatergeschichte Europas, Band 3: Das Theater der Barockzeit, Salzburg (Otto Müller Verlag) 1967 (2. Aufl.) [STS-Signatur: 5.2: 1 (3)]

2.47 Margarete Baur-Heinold, Das Theater des Barock. Festliches Bühnenspiel im 17. und 18. Jahrhundert, München (Verlag D.W. Callwey) 1966 [Signatur der Stadt- und Universitätsbibliothek Bern: Litt. L. 128]

2.48 Max Fehr, Die wandernden Theatertruppen in der Schweiz 1600 – 1800. Verzeichnis der Truppen, Aufführungen und Spieldaten für das 17. und 18. Jahrhundert, Einsiedeln (Waldstatt Verlag) 1949 [STS-Signatur: 5.3.4: 5]

18. Jahrhundert

2.49 Das französische Theater des 18. Jahrhunderts, hrsg. von Dietmar Rieger, Darmstadt (Wissenschaftliche Buchgesellschaft) 1984 [STS-Signatur: 5.4: Fran 6]

Helmut G. Asper, Hanswurst. Studien zum Lustigmacher auf der Berufsschauspielerbühne in Deutschland im 17. und 18. Jahrhundert (siehe Nr. 2.43)

2.50 Hilde Haider-Pregler, Des sittlichen Bürgers Abendschule. Bildungsanspruch und Bildungsauftrag des Berufstheaters im 18. Jahrhundert, Wien/München (Verlag Jugend und Volk) 1980 [STS-Signatur: 5.5: 9]

Margarete Baur-Heinold, Das Theater des Barock. Festliches Bühnenspiel im 17. und 18. Jahrhundert (siehe Nr. 2.47)

2.51 Heinz Kindermann, Theatergeschichte Europas, Bände 4 und 5: Von der Aufklärung zur Romantik (Band 4: 1. Teil, Band 5: 2. Teil), Salzburg (Otto Müller Verlag) 1961f. [STS-Signatur: 5.2: 1(4 u. 5)]

Max Fehr, Die wandernden Theatertruppen in der Schweiz 1600 – 1800. Verzeichnis der Truppen, Aufführungen und Spieldaten für das 17. und 18. Jahrhundert (siehe Nr. 2.48)

19. Jahrhundert

Das Festspiel: Formen, Funktionen, Perspektiven, hrsg. von Balz Engler und Georg Kreis (= Schweizer Theaterjahrbuch Nr. 49 – 1988; siehe Nr. 2.2)

2.52 Martin Brunckhorst, Drama und Theater in der Restaurationszeit, Heidelberg (Carl Winter Universitäts-Verlag) 1985 [STS-Signatur: 5.4: Engl 309]

2.53 Volker Klotz, Bürgerliches Lachtheater, Komödie, Posse, Schwank, Operette, München (Deutscher Taschenbuchverlag GmbH & Co. KG) 1980 [STS-Signatur: 5.6.3: 19]

2.54 Heinz Kindermann, Theatergeschichte Europas, Band 6: Romantik und Band 7: Realismus, Salzburg (Otto Müller Verlag) 1964 f. [STS-Signatur: 5.2: 1 (6 u 7)]

2.55 Ernst Leopold Stahl, Das englische Theater im 19. Jahrhundert. Seine Bühnenkunst und Literatur München und Berlin (Verlag von R. Oldenbourg) 1914 [STS-Signatur: E VIf Engl 17]

Wende zum 20. Jahrhundert

2.56 Adolphe Appia, Oeuvres complètes (en quatre volumes). Edition élaborée et commentée par Marie L. Bablet-Hahn (Direction scientifique: Denis Bablet),

Editrice: Société Suisse du Théâtre, Lausanne (L'age d'homme) 1983 ff. (1983, volume I: 1862-1894; 1986, volume II: 1895-1905; 1988, volume III: 1906-1921; 1992, volume IV: 1922-1928) [STS-Signatur: Appi 7 (1-4)]

2.57 Martin Dreier, Der Genfer Bühnenreformator Adolphe Appia, in: Theater – Bühne – Bild. Katalog zur Ausstellung der Kunstwoche Köniz 25. Oktober – 6. November 1983, Köniz (Kunstwoche) 1983 [STS-Signatur: 11.2: 320], S. 63 – 68

2.58 Heinrich Huesmann, Welttheater Reinhardt. Bauten – Spielstätten – Inszenierungen. Mit einem Beitrag "Max Reinhardts amerikanische Spielpläne" von Leonhard M. Fiedler, München (Prestel-Verlag) 1983 [STS-Signatur: 13.2: Rein 6]

2.59 Denis und Marie-Louise Bablet, Adolphe Appia 1862 – 1928. Darsteller – Raum – Licht. Katalog zur Ausstellung der Schweizer Kulturstiftung Pro Helvetia, Zürich (Atlantis Musikbuch-Verlag) 1982 [STS-Signatur: 13.2: Appi 1]

2.60 Elena Iwanowna Poljakowa. Stanislawski. Leben und Werk des grossen Theaterregisseurs, Bonn (Keil Verlag) 1981 [STS-Signatur: 13.2: Stan 4]

Volker Klotz, Bürgerliches Lachtheater, Komödie, Posse, Schwank, Operette (siehe Nr. 2.53)

2.61 Michael Peter Loeffler, Gordon Craigs frühe Versuche zur Überwindung des Bühnenrealismus, (= Schweizer Theaterjahrbuch Nr. 35 – 1969), Bern (Theaterkultur-Verlag) 1969 [STS-Signatur: 10.2: 8]

2.62 Denis Bablet, Edward Gordon Craig, Köln/Berlin (Verlag Kiepenheuer & Witsch) 1965 [STS-Signatur: 13.2: Crai 2]

2.63 Otto Brahm, Kritiken und Essays, ausgewählt, eingeleitet und erläutert von Fritz Martini, Zürich/ Stuttgart (Artemis Verlag) 1964 [STS-Signatur: 19.3: 8]

2.64 Gerhart Hauptmann, Die Kunst des Dramas. Über Schauspiel und Theater, zusammengestellt von Martin Machatzke, Berlin/Frankfurt a.M./Wien (Ullstein Verlag) 1963 [STS-Signatur: 7.2: Haup 2]

2.65 Heinz Kindermann, Theatergeschichte Europas, Bände 8, 9 und 10: Naturalismus und Impressionismus (Band 8: 1. Teil: Deutschland, Österreich, Schweiz; Band 9: 2. Teil: Frankreich, Russland, England, Skandinavien; Band 10: übrige Länder Europas), Salzburg (Otto Müller Verlag) 1959 (2. Aufl.) [STS-Signatur: 5.2: 1(8-10)]

2.66 Jacques Robichez, Lugné-Poë, Paris (L'Arche Editions) 1955 [STS-Signatur: D II Lugn 1]

2.67 Julius Bab, Das Theater der Gegenwart. Geschichte der dramatischen Bühne seit 1870, Leipzig (Verlagsbuchhandlung von J.J. Weber) 1928 [STS-Signatur: 5.5: 1]

Werke zu den einzelnen Aspekten

Theater und Weltbild

3.1 Jerzy Grotowski, Für ein armes Theater, Zürich (Orell Füssli Verlag) 1986 [STS-Signatur: 13.2: Grot 2]

3.2 Peter Brook, Der leere Raum, Berlin (Alexander Verlag) 1983 [STS-Signatur: 13.2: Broo 3]

3.3 Siegfried Melchinger, Geschichte des politischen Theaters, Velber bei Hannover, (Friedrich Verlag) 1971, [STS-Signatur: 5.6.1: 3]

3.4 Siegfried Melchinger, Versuch einer Grundlegung, in: Das Atlantisbuch des Theaters (siehe Nr. 1.10), S. 13 – 50

3.5 Jean-Louis Barrault, Betrachtungen über das Theater, Zürich (Peter Schifferli Verlags AG "Die Arche") 1962 [STS-Signatur: 13.2: Barr 301]

Theaterpraxis und Theater-Umfeld

3.6 Führung und Steuerung des Theaters, hrsg. von der Kommunalen Gemeinschaftsstelle für Verwaltungsvereinfachung (KGSt), Köln (KGSt) 1989 [STS-Signatur: 20.1: 1001]

3.7 Hans-Albrecht Harth, Publikum und Finanzen der Theater. Eine Untersuchung zur Steigerung der Publikumswirksamkeit und der ökonomischen Effizienz der öffentlichen Theater, Thun/Frankfurt a.M. (Verlag Harri Deutsch) 1982 [STS-Signatur: 20.3: 3]

3.8 Gert Richter, Bühne frei – Vorhang auf ! Blick in die Werkstatt des Theaters, Gütersloh (Bertelsmann Verlag) 1966 [STS-Signatur: 4.2: 6]

3.9 Oscar Fritz Schuh, Der Theaterleiter, in: Das Atlantisbuch des Theaters, (siehe Nr. 1.10), S. 51 – 59

3.10 Martin Hürlimann, Musik in Theater und Musiktheater, in: Das Atlantisbuch des Theaters (siehe Nr. 1.10), S. 246 – 283

3.11 Horst Koegler, Tanz und Theater, in: Das Atlantisbuch des Theaters (siehe Nr. 1.10), S. 284 – 324

3.12 Hans Harder Biermann-Ratjen, Der Intendant, in: Theater bei Tageslicht (siehe Nr. 1.11), S. 15 – 37

3.13 Herbert Graf, Die Oper, in: Theater bei Tageslicht (siehe Nr. 1.11), S. 122 – 133

3.14 Hans Schalla, Das Schauspiel, in: Theater bei Tageslicht (siehe Nr. 1.11), S. 97 – 121

3.15 Peter Zadek, Operette und Musical, in: Theater bei Tageslicht (siehe Nr. 1.11), S. 156 – 167

3.16 Peter van Dyk, Das Ballett, in: Theater bei Tageslicht (siehe Nr. 1.11), S. 134 – 155

3.17 Catherine Valonge, Eintritt frei – Theater, Lausanne (Editions Rencontre) 1962 [STS-Signatur: 4.2: 5]

3.18 Willy Fueter, Die Berufstheater in der deutschen Schweiz, ihr Wirtschaftsbetrieb und ihr Verhältnis zu den Stadtgemeinden, Bern (Verlag Stämpfli & Cie.) 1935 [STS-Signatur: 20.3: 2]

3.19 Friedrich Lieber, Blick hinter den Vorhang, Leipzig (Jugendbuchverlag Ernst Wunderlich) o.J. [STS-Signatur: 4.2: 3]

Drama und Dramaturgie

3.20 Dramatiker-Förderung. Dokumente zum Schweizer Dramatiker-Förderungsmodell. Redaktion: Verena Hoehne, Christian Jauslin (= Schweizer Theaterjahrbuch Nr. 48 – 1986), Bonstetten (Theaterkultur-Verlag) 1986 [STS-Signatur: 5.3.4: 11]

3.21 Martin Esslin, Das Theater des Absurden. Von Beckett bis Pinter, Reinbek bei Hamburg (Rowohlt Verlag) 1985 (Erweiterte Neuausgabe) [STS-Signatur: 3.3.20: 1]

3.22 Knaurs grosser Schauspielführer. Mehr als 1000 Einzeldarstellungen zu Werken und ihren Autoren, herausgegeben von Rudolf Radler, München (Droemersche Verlagsanstalt Th. Knaur Nachf.) 1985 [STS-Signatur: 1.3: 28]

3.23 Juliane Eckhardt, Das epische Theater, Darmstadt (Wissenschaftliche Buchgesellschaft) 1983 [STS-Signatur: 6.2.2: 19]

3.24 Reinhold Zimmer, Dramatischer Dialog und aussersprachlicher Kontext. Dialogformen in deutschen Dramen des 17. bis 20. Jahrhunderts, Göttingen (Vandenhoeck & Ruprecht Verlag) 1982

Volker Klotz, Bürgerliches Lachtheater, Komödie, Posse, Schwank, Operette (siehe Nr. 2.53)

3.25 Gerd Müller, Das Volksstück von Raimund bis Kroetz. Die Gattung in Einzelanalysen, München (Verlag von R. Oldenbourg) 1979 [STS-Signatur: 6.2.2:15]

3.26 Martin Esslin, Was ist ein Drama? Eine Einführung, München (Verlag R. Piper & Co.) 1978 [STS-Signatur: 6.2.2: 9]

3.27 Margret Dietrich, Das moderne Drama. Strömungen, Gestalten, Motive, Stuttgart (Alfred Kröner Verlag) 1974 (X. Aufl.) [STS-Signatur: 6.3.2: 30]

3.28 Ernst Wendt, Moderne Dramaturgie, Frankfurt a.M. (Suhrkamp Verlag) 1974 (suhrkamp taschenbuch 149) [Signatur der Stadt- und Universitätsbibliothek Bern: Litt. Ll. 23 (149)]

3.29 Dietrich Mack, Ansichten zum Tragischen und zur Tragödie. Ein Kompendium der deutschen Theorie im 20. Jahrhundert, München (Wilhelm Fink Verlag) 1970 [STS-Signatur: 6.2.2: 20]

3.30 Günter Skopnik, Der Dramaturg, in: Theater bei Tageslicht (siehe Nr. 1.11), S. 53 – 76

3.31 Gottfried Müller, Theorie der Komik. Über die komische Wirkung im Theater und im Film, Würzburg (Konrad Triltsch Verlag) 1964 [STS-Signatur: 6.2.2: 21]

3.32 Erich Franzen, Formen des modernen Dramas, München (Verlag C.H. Beck) 1961 [STS-Signatur: 6.3.2: 25]

3.33 Gotthold Ephraim Lessing, Hamburgische Dramaturgie. Kritisch durchgesehene Gesamtausgabe mit Einleitung und Kommentar von Otto Mann, Stuttgart (Alfred Kröner Verlag) 1958 [STS-Signatur: 19.3: 13]

3.34 Gottfried Müller, Dramaturgie des Theaters, des Hörspiels und des Films. Mit einem Beitrag von Wolfgang Liebeneiner, Würzburg (Konrad Triltsch Verlag) 1954 [STS-Signatur: 6.1: 1]

3.35 Rudolf Joho, Die Technik des Dramas, Elgg (Volksverlag Elgg) o. J. [STS-Signatur: 6.2.2: 1005]

Musik im Theater

3.36 Joachim Sonderhoff, Peter Weck, Musical. Geschichte, Produktionen, Erfolge, Braunschweig (Georg Westermann Verlag) 1986 [STS-Signatur: 6.3.3: 17]

3.37 Leo Karl Gerhartz, Oper. Aspekte der Gattung, [Frankfurt a.M.] (Laaber Verlag) 1983 [STS-Signatur: 6.2.3: 14]

3.38 Musiktheater. Zum Schaffen von Schweizer Komponisten des 20. Jahrhunderts, hrsg. von der Schweizerischen Gesellschaft für Theaterkultur (= Schweizer Theaterjahrbuch Nr. 45 – 1983), Bonstetten (Theaterkultur-Verlag) 1983 [STS-Signatur: 8.1: 4]

3.39 Dieter Zöchling, Die Oper. Westermanns farbiger Führer durch Oper, Operette, Musical mit einem Vorwort von Placido Domingo, Braunschweig (Georg Westermann Verlag) 1981 [STS-Signatur: 1.5: 21]

3.40 Oper. Eine illustrierte Darstellung der Oper von 1597 bis zur Gegenwart, Laaber (Laaber Verlag) 1981 [STS-Signatur: 1.5: 17]

3.41 L'Opéra, Paris (Edition Bordas) 1980 [STS-Signatur: 6.2.3: 8]

3.42 Ludwig F. Schiedermair, Die Oper. Premieren im Spiegel ihrer Zeit, München/Wien (Langen Müller Verlag) 1979 [STS-Signatur: 6.3.3: 15]

3.43 Otto Schumann, Handbuch der Opern, Wilhelmshaven (Heinrichshofen's Verlag) 1978 (11. Aufl.) [STS-Signatur: 1.5: 20]

3.44 Rudolf Hartmann, Oper. Regie und Bühnenbild heute, Stuttgart/Berlin/Köln/Mainz (Verlag W. Kohlhammer) 1977 [STS-Signatur: 5.6.2: 13]

3.45 Martin Hürlimann, Musik in Theater und Musiktheater, in: Das Atlantisbuch des Theaters (siehe Nr. 1.10), S. 246 – 283

3.46 Herbert Graf, Die Oper, in: Theater bei Tageslicht (siehe Nr. 1.11), S. 122 – 133

3.47 Peter Zadek, Operette und Musical in: Theater bei Tageslicht (siehe Nr. 1.11), S. 156 – 167

3.48 Charles Imbert, Eintritt frei Oper, Lausanne (Editions Rencontre) 1963 [STS-Signatur: 6.2.3: 5]

Spielstätten

3.49 Tim Streader und John A. Williams, Theaterwerkstatt. Bühnenbeleuchtung selbstgemacht, Wiesbaden/Berlin (Bauverlag GmbH) 1988 [STS-Signatur: 12.3: 22]

3.50 Carl-Friedrich Baumann, Licht im Theater. Von der Argand-Lampe bis zum Glühlampen-Scheinwerfer, Stuttgart (Franz Steiner Verlag Wiesbaden GmbH) 1988, [STS-Signatur: 12.3: 23]

3.51 Max Keller, Bühnenbeleuchtung, Köln (DuMont Buchverlag) 1985 [STS-Signatur: 12.3: 17]

3.52 Richard Leacroft, Theatre and Playhouse. An illustrated survey of theatre building from Ancient Greece to the present day. With isometric reconstructions, London/New York (Methuen) 1984 [STS-Signatur: 12.2: 22]

3.53 Augusta Hönle und Anton Henze, Römische Amphitheater und Stadien. Gladiatorenkämpfe und Zirkusspiele, Zürich/Freiburg i.Br. (Atlantis Verlag, Edition Antike Welt) 1981 [STS-Signatur: 12.2: 7]

3.54 David Collison, Stage Sound, New York (Drama Book Specialists) 1976 [STS-Signatur: 12.3: 12]

3.55 Karl Gotthilf Kachler, Zur Geschichte des Theaterbaues in der Schweiz, in: Stadttheater Basel einst und jetzt 1807 – 1834 – 1875 – 1909 – 1975. Eine Dokumentation anlässlich der Eröffnung des neuen Hauses im Oktober 1975 (= Schweizer Theaterjahrbuch Nr. 38/39 – 1975), Bern (Theaterkultur-Verlag) 1975 [STS-Signatur: 5.3.2: Base 1 (3)]

3.56 Martin Dreier, Theater und Technik. Eine Untersuchung ihres kulturphänomenologischen Zusammenhanges, Bern/Wien (phil. Diss., Maschinenschrift) 1975 [STS-Signatur: 3.2.2: 2]

3.57 Walther Unruh, Theatertechnik. Fachkunde und Vorschriftensammlung, Berlin/Bielefeld (Verlag Kasing & Co.) 1969 [STS-Signatur: 12.3: 11]

3.58 Gerhard Graubner, Theaterbau. Aufgabe und Planung, München (Callwey Verlag) 1968 [STS-Signatur: 12.2: 318]

3.59 Margret Dietrich, Bühnenform und Dramenform, in: Das Atlantisbuch des Theaters, (siehe Nr. 1.10), S. 64 – 100

3.60 Walther Unruh, Theaterbau und Bühnentechnik, in: Das Atlantisbuch des Theaters (siehe Nr. 1.10), S. 101 – 168

3.61 Max Ferdinand Gerhäuser, Untersuchungen über die Spielmöglichkeiten in griechischen Theatern, Darmstadt (Wissenschaftliche Buchgesellschaft) 1964

3.62 Le lieu théâtral dans la société moderne, réunis et présentés de Denis Bablet et Jean Jacquot, Paris (Editions du Centre National de la Recherche Scientifique) 1958 [STS-Signatur: 12.3: 1]

3.63 Theaterbau gestern und heute, hrsg. von Oskar Eberle (= Schweizer Theaterjahrbuch Nr. 17 – 1947), Elgg (Theaterkultur-Verlag, Volksverlag Elgg) 1948 [STS-Signatur: 12.2: 2]

3.64 Friedrich Kranich, Bühnentechnik der Gegenwart, 2 Bände, München/Berlin (Verlag von R. Oldenbourg), 1929 [STS-Signatur: 12.3: 3]

Regie

Elena Iwanowna Poljakowa, Stanislawski. Leben und Werk des gossen Theater-regisseurs (siehe Nr. 2.60)

Jerzy Grotowski, Für ein armes Theater (siehe Nr. 3.1)

Rudolf Hartmann, Oper. Regie und Bühnenbild heute (siehe Nr. 3.44)

3.65 Gerhard F. Hering, Der Regisseur, in: Theater bei Tageslicht, (siehe Nr. 1.11), S. 38 – 52

3.66 Peter Löffler, Regie, in: Das Atlantisbuch des Theaters (siehe Nr. 1.10), S. 325 – 330

3.67 Siegfried Melchinger, Geschichte der Regie, in: Das Atlantisbuch des Theaters (siehe Nr. 1.10), S. 351 – 340

3.68 Gabriele Wohmann, Theater von innen. Protokoll einer Inszenierung, Olten/Freiburg i.Br. (Walter-Verlag) 1966 [STS-Signatur: 10.1: 5]

3.69 Carl Hagemann, Regie. Die Kunst der szenischen Darstellung, Berlin/Leipzig (Verlag Schuster & Löffler) 1916 [STS-Signatur: 10.1: 1]

Schauspielkunst

3.70 Mein Ballettunterricht, hrsg. von der Royal Academy of Dancing, Wilhelmshaven (Florian Noetzel Verlag, Heinrichshofen-Bücher) 1988 [STS-Signatur: 14.2: 67]

3.71 Schauspielen. Handbuch der Schauspieler-Ausbildung, hrsg. von Gerhard Ebert und Rudolf Penka, DDR-Berlin (Henschelverlag Kunst und Gesellschaft) 1985 [STS-Signatur: 9.1: 21 (1985)]

3.72 Martin Dreier, Der sprech-kommunikative Aspekt in der Beziehung "Schauspieler – Publikum". Versuch ein Modell zu skizzieren, in: «Maske und Kothurn. Internationale Beiträge zur Theaterwissenschaft», 30. Jg. (1984), H. 3/4, Wien/Köln (Hermann Böhlaus Nachf.) 1984, S. 247 – 253 [STS-Signatur: Z 4: 6]

3.73 Ego Aderhold, Sprecherziehung des Schauspielers, Wilhelmshaven (Heinrichshofen's Verlag) 1983 [STS-Signatur: 9.2: 7]

3.74 Ernst Haefliger, Die Singstimme, Bern/Stuttgart (Verlag Hallwag AG) 1983 [STS-Signatur: 9.3: 5]

3.75 Rudolf Lichtenhahn, Vom Tanz zum Ballett. Eine illustrierte Geschichte des Tanzes von den Anfängen bis zur Gegenwart, Stuttgart/Zürich (Belser Verlag) 1983 [STS-Signatur: 14.2: 51]

3.76 Wolfram Seider, Jürgen Wendler, Die Sängerstimme. Phoniatrische Grundlagen für die Gesangsausbildung, DDR-Berlin (Verlag Kunst und Gesellschaft) 1982 [STS-Signatur: 9.3: 3]

3.77 Darsteller und Darstellungskunst, hrsg. von Ernst Schuhmacher, DDR-Berlin (Henschelverlag Kunst und Gesellschaft) 1981 [STS-Signatur: 9.1: 22]

3.78 André et Vladimir Hofmann, Le ballet, Paris (Editions Bordas) 1981 [STS-Signatur: 14.2: 27]

3.79 Marlis und Ulrich Ott, Rollenspielen, Mimen, Tanzen, Basel (Friedrich Reinhardt Verlag) 1980 [STS-Signatur: 9.1: 23]

3.80 Susi Nicoletti, Leo Mazakarini, Wege zum Theater, Max Reinhardts Schüler, Wien (Verlag ORAC) 1979 [STS-Signatur: 9.5.1: 3]

3.81 Felix Rellstab, Stanislawski Buch, Wädenswil (Verlag Stutz+Co.) 1976 [STS-Signatur: 9.1: 17]

3.82 Ernst Schröder, Die Arbeit des Schauspielers, Zürich (Atlantis Verlag) 1966 [STS-Signatur: 9.6: 1]

3.83 Gisela Schwanbeck, Sozialprobleme der Schauspielerin im Ablauf dreier Jahrhunderte, Berlin-Dahlem (Colloquium Verlag Otto H. Hess) 1957 [STS-Signatur: 21.2.2: 2]

3.84 Max Herrmann, Entstehung der berufsmässigen Schauspielkunst im Altertum und in der Neuzeit, Berlin (Henschelverlag Kunst und Gesellschaft) 1933 [STS-Signatur: 9.1: 10]

3.85 Konstantin Sergejewitsch Stanislawski, Das Geheimnis des Schauspielerischen Erfolges, Zürich (Verlag Scientia AG) o.J. [STS-Signatur: 9.1: 3]

3.86 Ferdinando Reyna, Das Buch vom Ballet. Geschichte – Entwicklung – Gestalten, Gütersloh (Bertelsmann Lesering) o.J. [STS-Signatur: 14.2: 23]

(Titel zur Commedia dell'Arte siehe unter **Renaissance**)

Kostüm und Maske

3.87 Karl Gotthilf Kachler, Zur Entstehung und Entwicklung der griechischen Theatermaske, Basel (Selbstverlag) 1991 [STS-Signatur: 11.4: 1008)

3.88 Karl Gotthilf Kachler, Maskenspiele aus Basler Tradition 1936 – 1974, Basel (Christoph Merian Verlag) 1986 [STS-Signatur: 5.3.2: Base 3]

3.89 Erika Thiel, Geschichte des Kostüms, Wilhelmshaven/Locarno/Amsterdam (Heinrichshofen's Verlag) 1985 [STS-Signatur: 11.3: 10 (1985)]

3.90 Bert Broe, Theatrical Makeup, London (Pelham Books) 1984 [STS-Signatur: 11.4: 18]

3.91 Ursula Fehling und Harald Brost, Kostümkunde, Leipzig (VEB Fachbuchverlag) 1983 [STS-Signatur: 11.3: 19]

3.92 Macht der Masken, hrsg. von Gerd-Klaus Kaltenbrunner, Freiburg i.Br./Basel/Wien (Verlag Herder) 1982 [STS-Signatur: 11.4: 10]

3.93 Masken, Bau und Spiel, hrsg. von Rudolf Seitz, München (Don Bosco Verlag) 1980 [STS-Signatur: 11.4: 6]

3.94 Rose Marie Frei, Geschichte des Kostüms, Wädenswil (Verlag Stutz+Co) 1977 [STS-Signatur: 11.3: 15]

3.95 Karl Gotthilf Kachler: Theater und Maske, in: Das Atlantisbuch des Theaters, (siehe Nr. 1.10), S. 217 – 245

3.96 Günter Schöne, Bühnenbild und Kostüm, in: Das Atlantisbuch des Theaters (siehe Nr. 1.10), S. 171 – 216

3.97 Ilse Schneider-Lengyel, Die Welt der Maske, München (Verlag R. Piper & Co) 1934 [STS-Signatur: 11.4: 2]

Bühnenausstattung

3.98 Theater – Bühne – Bild. Katalog zur Ausstellung der Kunstwoche Köniz 25. Oktober – 6. November 1983, Köniz (Kunstwoche) 1983 [STS-Signatur: 11.2: 320]

Rudolf Hartmann. Oper. Regie und Bühnenbild heute (siehe Nr. 3.44)

3.99 Lynn Pecktal, Designing and Painting for the Theatre, New York (Holt, Rinehart and Winston) 1975 [STS-Signatur: 11.2: 41]

3.100 Le décor de théâtre dans le monde depuis 1960, choisi et présenté par René Hainaux, Bruxelles (Edition Meddens) 1973 [STS-Signatur: 11.2: 35]

3.101 Teo Otto, Der Bühnenbildner, in: Theater bei Tageslicht (siehe Nr. 1.11), S. 77 – 96

3.102 Günter Schöne, Bühnenbild und Kostüm, in: Das Atlantisbuch des Theaters (siehe Nr. 1.10), S. 171 – 216

3.103 Teo Otto, Meine Szene. Mit einem Vorwort von Friedrich Dürrenmatt, Köln/Berlin (Verlag Kiepenheuer & Witsch) 1965 [STS-Signatur: 11.2: 29]

3.104 Ottmar Schuberth, Das Bühnenbild. Geschichte, Gestalt, Technik, München (Verlag Georg D.W. Callwey) 1955 [STS-Signatur: 11.2: 37]

Publikum

3.105 Heinz Kindermann, Das Theaterpublikum der Renaissance, Salzburg (Otto Müller Verlag) 1984 [STS-Signatur: 19.2: 5]

Martin Dreier, Der sprech-kommunikative Aspekt in der Beziehung "Schauspieler – Publikum". Versuch ein Modell zu skizzieren, in: «Maske und Kothurn. Internationale Beiträge zur Theaterwissenschaft», 30. Jg. (1984), H. 3/4 (siehe Nr. 3.72)

3.106 Anne-Marie Gourdon, Théâtre, Public, Perception, Paris (Editions du Centre National de la Recherche Scientifique) 1982 [STS-Signatur: 19.2: 6]

3.107 Heinz Kindermann, Das Theaterpublikum des Mittelalters, Salzburg (Otto Müller Verlag) 1980 [STS-Signatur: 19.2: 3]

3.108 Weber-Perret, Le spectateur suisse et son spectacle, Genève (Edition de l'Alliance culturelle romande) 1980 [STS-Signatur: 19.2: 2]

3.109 Heinz Kindermann, Das Theaterpublikum der Antike, Salzburg (Otto Müller Verlag) 1979 [STS-Signatur: 19.2: 1]

3.110 Das Theater und sein Publikum, Referate der internationalen theaterwissenschaftlichen Dozentenkonferenz in Venedig 1975 und Wien 1976, Wien (Verlag der österreichischen Akademie der Wissenschaften) 1977 [STS-Signatur: 19.2: 4]

3.111 Benjamin Henrichs, Beruf: Kritiker, München/Wien (Hanser Verlag) 1973 [STS-Signatur: 19.3:22]

3.112 Anton Krättli, Theaterkritik, in: Das Atlantisbuch des Theaters, (siehe Nr. 1.10), S. 371 – 386

3.113 Heinz Beckmann, Das Publikum, in: Theater bei Tageslicht, (siehe Nr. 1.11), S. 189 – 210

3.114 Hilde Spiel, Der Kritiker, in: Theater bei Tageslicht, (siehe Nr. 1.11), S. 168 – 188

3.115 Otto Brahm, Kritiken und Essays, Zürich/Stuttgart (Artemis Verlag) 1964 [STS-Signatur: 19.3: 8]

3.116 Theaterkritik, hrsg. von Oskar Eberle, Einsiedeln (Waldstatt Verlag) 1952 [STS-Signatur: 19.3: 4]

Bilderverzeichnis

Erste Umschlagseite

oben: Modell im Massstab 1 : 50 des neuen Basler Stadttheaters (Eröffnungsjahr: 1975, Architekten: Schwarz + Gutmann, Zürich); Modellkonzeption: Harry Zaugg

unten: Modell einer Kulissenbühne Präsentationsmedium zum *Barock*

Epochen-Titel-Grafiken
(alle im Negativ-Druck)

Seite 19: Grundriss des Stadttheaters St. Gallen, Geschoss D; (Eröffnungsjahr: 1968, Architekt: Claude Paillard, Zürich); Titel-Grafik zum *20. Jahrhundert*

Seite 43: Theater von Priene (Kleinasien, nördlich von Milet); späthellenistische Spielstätte, die ca. 5'000 Zuschauern Platz bot (Rekonstruktionsskizze des Bauzustandes um die Mitte des 2. Jahrhunderts v. Chr. nach A. v. Gerkan, 1921); Titel-Grafik zum *Antiken Griechenland*

Seite 65: Prahlerischer Offizier und Parasit. Wandmalerei (heute zerstört) in der Casa della Fontana grande, Pompeji; 1. Jahrhundert n. Chr.; Titel-Grafik zum *Antiken Rom*

Seite 87: Grabbesuch-Szene im Freien mit einem mauerumschlossenen Grab. Miniatur aus der Schule von St. Gallen, 10. Jahrhundert (Universitätsbibliothek Basel); Titel-Grafik zum *Mittelalter*

Seite 107: Apfelschuss-Szene aus dem Tellspiel von Jakob Ruoff, 1545; Holzschnitt von A. Friess; Titel-Grafik zur *Renaissance*

Seite 127: Teatro Farnese in Parma (Vollendung 1618; Architekt: Giovanni Battista Aleotti); Blick auf Proszenium und Bühne; Radierung; Titel-Grafik zum *Barock*

Seite 149: Friederike Caroline Neuber (1697 – 1760), genannt die Neuberin, Wandertruppen-Prinzipalin, die sich erfolgreich für ein literarisches Theater stark machte; Portrait-Stich, 1744; Titel-Grafik zum *18. Jahrhundert*

Seite 171: Berner Festspiel von 1891. Festplatz im Dählhölzli aus der Vogelperspektive; Stahlstich; Titel-Grafik zum *19. Jahrhundert*

Seite 191: Entwurf von Edward Gordon Craig zu Shakespeares «König Lear»; Holzschnitt aus der Zeitschrift «The Mask», Januar 1924; Titel-Grafik zur *Wende zum 20. Jahrhundert*

Farbtafeln im Bereich der Rundgang-Texte

Seite 23: Modell im Massstab 1 : 40 der «Natur»-Bühne für die Tellspiele Interlaken, 1951 entworfen vom Bühnenbildner Max Bignens

Seite 24: Modell im Massstab 1 : 20 der Berner Alternativ-Spielstätte «Altes Schlachthaus», 1979 konzipiert und gebaut vom Bühnenbildner Werner Hutterli

«Impressum» der Ausstellung

Wissenschaftliches Konzept und Ausstellungstexte: Dr. Martin Dreier

Künstlerisches Konzept: Harry Zaugg, Martin Dreier

Grafische Gestaltung: Susanne Indermühle (Hängung), Martin Dreier (Objekt- und Bildauswahl, Piktogramme, Typographie), Harry Zaugg (Gesamtleitung)

Technische Projektierung: Martin Dreier

Beratung: Prof. Dr. Wolfgang Greisenegger (theaterhistorische Belange), Dr. Walter Boris Fischer (konzeptionelle Belange), Kurt Hilfiker † (sprach-stilistische Belange)

Neue Theater-Modelle: Heidi Fraefel, Paul Sarbach, Stefan Schrade, Lukas Wahlich, Harry Zaugg

Bühnenmalerei und Kascheurarbeiten: Bettina Keller, Michael Müller (Firma Crearena, Ittigen)

Bildbeschaffung Abteilung «Gegenwart»: Silvia Maurer

Texterfassung auf Computer «Macintosh»: Maja Glarner

Textumbruch auf «Macintosh»: Christian Schneeberger, Martin Dreier

Ausarbeitung der Piktogramme: Jacques Erard

Fotografische Arbeiten: Renate Meyer †, Peter Hofer, Stefan Rebsamen; Aerni-Leuch AG, Bern, Foto Lauri, Bern, Foto Zumstein AG, Bern, Frey Color-Labor AG, Biel

Aufziehen (grosse Formate): Buchbinderei Rhyn AG, Bern

Aufziehen (kleine Formate): Heidi Fraefel, Eva Haas, Susanne Indermühle

Elektrische Einrichtungen: Elektro Emch AG, Bern

Feinmechanische Arbeiten: P. Fankhauser, Münsingen

Schreinerarbeiten: Dethardt Baumann, Beat Berger, Hans Bühler, Philipp Esch, Markus Gysin, Manfred Liechti, Peter Messerli, Hanspeter Rolli, Peter Schillinger; Muesmatt AG, Bern, M. Ramseyer, Ostermundigen

Schlosserarbeiten: Antony Long, Gaeng Metallbau, Ittigen

Donatoren

Die Ausstellung «Theater in Gegenwart und Geschichte» sowie vorliegenden Führer haben folgende Spender ermöglicht:

Regierungsrat des Kantons Bern
(SEVA-Lotterie-Reingewinne)

Sophie und Karl Binding-Stiftung (in memoriam Paul Kopp)

Kantone Aargau, Appenzell-Ausserrhoden, Basel-Land, Fribourg, Obwalden, St. Gallen, Wallis und Zug

Burgergemeinde Bern

Druckerei Trüb-Sauerländer AG, Buchs (AG)

Ernst Göhner Stiftung, Risch

IBM Schweiz, Zürich

Ilford AG, Fribourg
(Cibachrome-Fotomaterialien)

Industrade AG, Zürich
(Computer «Macintosh»)

Kantonalbank von Bern

Kreienbühl AG Reprotechnik, Luzern

Schweizerische Mobiliar-Versicherungsgesellschaft, Bern

Schweizerische Rückversicherungs-Gesellschaft, Zürich

Schweizerische Volksbank, Bern
(Jubiläumsstiftung)

Stiftung Landis + Gyr, Zug

Spar + Leihkasse, Bern

«Winterthur»-Versicherungs-Gesellschaft, Regionaldirektion Bern

Ausbau und Einrichtung der Räumlichkeiten Schanzenstrasse 15 sowie ausserordentliche Erwerbungen wurden durch folgende Spender finanziert:

Private Gönnerin aus Basel

Regierungsrat des Kantons Bern
(SEVA-Lotterie-Reingewinne)

Generaldirektion PTT
(Pro Patria-Marken-Reinerlös)

Migros-Genossenschafts-Bund, Zürich

Dr. Wander AG, Bern

Bernische Kraftwerke AG, Bern

Burgergemeinde Bern

Genossenschaft Migros, Bern

IBM Schweiz, Zürich

Kulturstiftung Pro Helvetia, Zürich

Loeb AG, Bern

Mara und Karl Gotthilf Kachler, Basel

Olivetti Schweiz, Zürich

Schweizerische Gesellschaft für Theaterkultur

Sophie und Karl Binding-Stiftung, Basel

Schweizerischer Bankverein, Basel
(Jubiläumsstiftung)

Stanley Thomas Johnson-Stiftung, Bern

Stiftung Landis + Gyr, Zug

Öffnungszeiten und Adresse

Öffnungszeiten der Ausstellung:

Dienstag	09.00	—	12.00
Freitag	13.00	—	16.00

Besuche ausserhalb dieser Zeiten sind auf Anmeldung hin möglich.

Kostenpflichtige Führungen für Gruppen (ausgenommen Schulklassen) können vereinbart werden.

Öffnungszeiten der Bibliothek und des Archivs:

Dienstag	13.00	—	16.00
Mittwoch,			
Donnerstag	09.00	—	16.00
Freitag	09.00	—	12.00

Die Sammlung bleibt montags, samstags und sonntags geschlossen.

Besucheradresse der STS:

Schweizerische Theatersammlung
Schanzenstrasse 15
(Ecke Stadtbachstrasse; Nähe Bahnhof; Nähe Universität)

3008 Bern

Postadresse der STS:

Schweizerische Theatersammlung
Postfach

3001 Bern

Telefon: xx41 31 23 52 52
(ab 25. Sept. 1993: xx41 31 301 52 52)

Telefax: xx41 31 24 85 25
(ab 25. Sept. 1993: xx41 31 302 85 25)